企业家调节焦点对新创企业绩效的作用机理研究

The influence mechanism of entrepreneurial regulatory focus on new venture performance

胡玲玉 著

ZHEJIANG UNIVERSITY PRESS
浙江大学出版社

图书在版编目（CIP）数据

企业家调节焦点对新创企业绩效的作用机理研究 / 胡玲玉著. —杭州：浙江大学出版社，2021.7
ISBN 978-7-308-21544-2

Ⅰ. ①企… Ⅱ. ①胡… Ⅲ. ①企业绩效－研究 Ⅳ.
①F272.5

中国版本图书馆 CIP 数据核字（2021）第 129547 号

企业家调节焦点对新创企业绩效的作用机理研究

胡玲玉　著

责任编辑	杜希武
责任校对	夏湘娣　石国华
封面设计	刘依群
出版发行	浙江大学出版社
	（杭州市天目山路 148 号　邮政编码 310007）
	（网址：http://www.zjupress.com）
排　　版	杭州好友排版工作室
印　　刷	杭州良诸印刷有限公司
开　　本	710mm×1000mm　1/16
印　　张	10
字　　数	169 千
版 印 次	2021 年 7 月第 1 版　2021 年 7 月第 1 次印刷
书　　号	ISBN 978-7-308-21544-2
定　　价	49.00 元

浙江大学出版社市场运营中心联系方式：(0571) 88925591；http:// zjdxcbs.tmall.com

本成果系浙江省哲学社会科学重点研究基地课题(编号:20JDZD067)、浙江省自然科学基金青年基金项目(编号:LQ19G020005)、2020年度浙江万里学院科研创新团队的研究成果

内容简介

近年来,中国的创业活动蓬勃发展,创业者和新创企业数量持续增长的同时,也伴随着新创企业存活率较低等诸多问题。识别新创企业绩效影响因素和提升机制是实践界和理论界共同关注的核心问题。本书综合国内国外研究成果,以高阶梯队理论和调节焦点理论为基础,结合新创企业绩效、环境动荡性、商业机会识别、社会网络、创业学习等相关研究基础,通过模型构建和实证验证等方法,重点探讨创业者调节焦点对新创企业绩效的影响机理。具体来说,本书揭示了创业者调节焦点对新创企业绩效的直接作用机制,并考察了环境动荡性的调节效应以及其与调节焦点的三阶交互效应;结合商业机会识别的相关研究,探究了商业机会识别在创业者调节焦点和新创企业绩效之间的中介作用机制,并考察了社会网络的调节作用与有调节的中介效应;结合创业学习的研究成果,进一步探讨了探索式学习和利用式学习在创业者调节焦点和新创企业绩效之间的中介效应,从而为创业者和新创企业的有效管理和运营提供理论参考和决策支持。

本书适用于工商管理、管理科学与工程等专业的研究生阅读,也可供创业人员、创新创业方向的研究人员和政府主管部门实际工作人员参考。

前　　言

　　"大众创业、万众创新"作为推动中国经济增长的新引擎,在国家发展战略中占据重要地位。随着中国对创业的支持力度不断加大以及创业政策的日臻完善,创业活动蓬勃发展,新创企业数量持续攀升。然而,尽管创业活动日益活跃,中国新创企业的失败率却居高不下。实践表明,与成熟企业相比,新创企业往往存在组织结构不完善和工作流程不明确等缺陷,需要在创业者的带领下才能在激烈的市场竞争中实现生存和成长。创业者作为新创企业的最高决策者和管理者,对新创企业的生存与发展具有至关重要的作用。根据高阶梯队理论,创业者认知特征反映其认知结构、决策模式和行为模式,决定了创业者个人禀赋和能力水平,并对新创企业绩效产生重要影响。因此,从创业者认知的视角研究其对新创企业绩效的作用机理,不仅具有重要的现实意义,还具有重要的理论价值。

　　近年来,调节焦点理论作为重要的认知理论,在创业研究领域得到了越来越多的关注。调节焦点理论认为,个体在实现目标的过程中拥有两种不同的自我调节体系:促进型焦点和预防型焦点。促进型焦点的个体,关注积极的目标或结果,采取接近型策略,倾向于将潜在收益最大化;而预防型焦点的个体,关注消极的目标或结果,采取规避型策略,倾向于将潜在损失最小化。创业者调节焦点不同,其行为动机、信息处理方式、决策效率和质量、行为倾向和行为策略也存在显著差异,从而对新创企业战略和运营结果产生不同的影响。现有文献中,有学者对调节焦点和前期创业过程(如创业意向)之间的关系进行了研究。但是,创业者调节焦点是否对新创企业最终的绩效结果产生影响,以及其中具有怎样的影响机理,仍没有研究进行过探索。因此,本研究试图系统探讨创业者调节焦点对新创企业绩效的作用机理。

以创业者调节焦点与新创企业绩效关系为主线,以高阶梯队理论和调节焦点理论为基础,结合商业机会识别、创业学习、环境动荡性和社会网络等相关研究,本研究主要从以下三个方面具体展开:第一,考察创业者调节焦点对新创企业绩效的直接影响,探讨环境动荡性在其中发挥的调节作用,并分析促进型焦点、预防型焦点和环境动荡性的三阶交互效应。第二,将商业机会识别纳入研究模型,考察其在创业者调节焦点和新创企业绩效之间的中介效应,分别探讨社会网络对前后半段关系的调节作用,并在此基础上分析社会网络的调节中介效应。第三,进一步将创业学习纳入研究模型,分别考察探索式学习和利用式学习在创业者调节焦点和新创企业绩效之间的中介效应,具体检验创业者调节焦点、探索式学习、利用式学习、新创企业绩效之间的关系。通过以上三项研究,揭示了创业者调节焦点和新创企业绩效之间的关系,以及其中的中介和调节作用机制。

通过文献研究、问卷调研和实证分析等研究方法,运用回归分析对相关假设进行验证,本研究得出的主要结论和理论价值包括:首先,创业者促进型焦点对新创企业绩效具有正向影响,而创业者预防型焦点对新创企业绩效具有负向影响;环境动荡性对创业者促进型焦点和新创企业绩效的关系具有正向调节作用,对创业者预防型焦点和新创企业绩效的关系具有负向调节作用;并且创业者促进型焦点、预防型焦点和环境动荡性的三阶交互项对新创企业绩效具有正向作用。这些结论验证了创业者调节焦点和新创企业绩效之间的关系,将新创企业绩效的研究进一步延伸到创业者认知领域,进而拓展了调节焦点理论的应用和新创企业绩效的相关研究。其次,商业机会识别在创业者调节焦点和新创企业绩效之间存在中介作用。创业者促进型焦点越强,越有利于商业机会的识别,从而越有助于新创企业绩效的提高;创业者预防型焦点越强,越不利于商业机会的识别,从而不利于新创企业绩效的提高。同时,社会网络对创业者促进型焦点和商业机会识别的关系具有正向调节作用,对商业机会识别和新创企业绩效的关系也具有正向调节作用,并且对商业机会识别在促进型焦点和新创企业绩效之间的中介作用具有正向调节作用。这些结论丰富了创业者调节焦点与新创企业绩效的内部作用机理研究,验证了新创企业社会网络的边界效应。最后,创业者促进型焦点正向影响探索式学习和利用式学习;探索式学习正向影响新创企业绩效,而利用式学习负向影响新创企业绩效,并且探索式学习在促进型焦点和新创企业绩效之间存在中介效应。这些结论揭示了创业学习在创业者调节焦点和新创企业绩效之间的中介机制,有助于进一步加深对创业者调节焦点和新创企业绩效关系的理解。

本研究系浙江省哲学社会科学重点研究基地课题(编号:20JDZD067)、浙江省自然科学基金青年基金项目(编号:LQ19G020005),本研究得到了2020年度浙江万里学院科研创新团队的支持,并得到了浙江省"十三五"一流学科和宁波市重点学科(A类)——管理科学与工程的支持和出版资助,在此表示衷心的感谢。

由于作者经验、水平所限,书中不足之处在所难免,敬请读者提出宝贵的批评和建议。

胡玲玉

2021 年 3 月于宁波

目　　录

第1章 绪 论

1.1 研究背景

随着中国经济步入新常态,创业创新成为推动经济持续增长的新引擎。2014 年达沃斯论坛上,国务院总理李克强首次提出,"在 960 万平方公里土地上掀起一个'大众创业''草根创业'的新浪潮","形成'万众创新''人人创新'的新形态"。2015 年"两会"上,"大众创业、万众创新"(简称"双创")首次写入政府工作报告,从而上升为国家战略。近几年,政府工作报告多次强调"双创"战略,提出国家将继续打造面向大众的"双创服务体系"。在国家和地方政府的大力推动下,民众创业热情高涨,新创企业数量不断增加。全球创业观察(Global Entrepreneurship Monitor, GEM)发布的最新报告显示,中国的国家创业背景指数在参与调研的 54 个国家和地区中排名第四,远高于平均水平①。中国社会科学院城市与竞争力研究中心发布的数据表明,截至 2020 年底,在新冠疫情的影响下,中国新登记企业主体依然达到 2735.4 万户,同比增长12.8%,平均每天新增 7.5 万户②。新创企业的快速增长和创业活动的

---

① 资料来源于 2020 年全球创业观察报告,https://www.sohu.com/a/399555307_120044587。
② 资料来源于中国财富网,https://baijiahao.baidu.com/s? id = 1693019343017416067 &wfr=spider&for=pc。

不断繁荣,对于确保经济增长的高品质和可持续性,加速构建创业型经济创新体系和缓解社会就业压力具有重要的推动作用。

然而,尽管目前新创企业数量不断增加,失败率却居高不下。相关研究报告表明,中国新创企业能够存活 1 年的比例在 50% 左右,能够存活 3 年的比例不到 20%,并且新创企业总成功率不到 5%[①]。一个典型的案例就是网约车行业,据报道,在过去的 5 年里,市场上有 30 多家网约车企业(约占总数 90% 以上)已不复存在[②]。当然,也有一些企业在激烈的市场竞争中脱颖而出,成为行业的龙头和标杆,比如滴滴出行和神州专车等。那么,为什么有的新创企业能够脱颖而出,而有些新创企业却举步维艰,甚至销声匿迹? 在这一背景下,探索影响新创企业生存和发展的因素,已成为管理实践中讨论的重要命题。

创业者作为企业的创立者和最高管理者,对于企业的重要性不言而喻(Cassar,2014)。这种重要性对新创企业而言更加显著。相较于成熟企业,新创企业通常缺乏规范的组织结构和运营流程,因而在激烈的市场竞争中更加需要创业者个人来引导(Cooper et al.,1994;Hmieleski and Baron,2009)。同时,由于新创企业规模小、人员少,因而受到创业者个人特点和能力的影响更大(Gartner,1985;Arregle et al.,2015)。尤其是在中国当前的转型经济背景下,新创企业面临更高的不确定性和运营风险,创业者是否能够采取有效的战略决策对于新创企业的生存和发展至关重要(陈浩义和葛宝山,2008)。创业者是企业前行的领航者和企业文化的塑造者,其个人特征极大地影响企业所建立的各种程序或行为规范,最终影响新创企业的生存和成长(Baron,2007)。例如,华为能够从 30 年前的一家小作坊最终成长为全球通信领域的领导者,其成

---

① 报告来源于全球创业观察组织,http://www.gemconsortium.org/。
② 资料来源于搜狐新闻,http://mt.sohu.com/20160804/n462667897.shtml。

功往往被归结为创始人任正非的个人魅力和独特的个人品质。因而,从创业者的角度探讨其对新创企业绩效的影响,既是管理实践的现实诉求,也是创业研究的重要思路。

根据高阶梯队理论(Hambrick and Mason,1984),创业者作为新创企业中最关键的高层管理者,其认知特征对新创企业的运营绩效产生重要影响。具体来说,创业者认知特征在应对复杂运营环境、处理纷杂信息流、制定和执行战略决策以及实现企业运营目标等方面具有不可忽视的作用(Mitchell et al.,2014)。在众多的认知特征中,调节焦点受到学者们越来越多的关注(Brockner et al.,2004;Johnson et al.,2015)。调节焦点理论指出,个体拥有两种不同的自我调节体系,即促进型焦点和预防型焦点(Higgins,1997)。促进型焦点的个体,关注积极的目标或结果,关心个人成长和成就,追求"理想自我"的实现(Higgins,1998)。而预防型焦点的个体,关注消极的目标或结果,重视个人的职责和义务,固守"应该自我"(Higgins,1998)。促进型焦点和预防型焦点使得创业者在选取目标的类型、关注信息的种类、决策过程的严谨度等方面存在差异,因此对新创企业战略决策和运营绩效也具有不同的影响(Wallace et al.,2010)。然而,目前鲜有学者对创业者调节焦点与新创企业绩效的关系进行系统的实证研究,其直接作用机制及其中的作用机理需要得到进一步揭示。

创业者调节焦点对新创企业绩效的影响是一个复杂的过程,其中的影响机制和作用路径亟待探究。商业机会识别一直是创业研究中的核心问题,是决定新创企业生存与发展的关键(Shane and Venkataraman,2000)。如果创业者能够在高度不确定和资源匮乏的情境下识别有价值的商业机会,可以帮助新创企业实现快速成长,获得市场竞争优势。现有文献指出,创业者调节焦点以及在调节焦点基础上形成的认知模式、倾向、动机和行为策略,对于新创企业的商业机会识别行为具有重要的影响(Hmieleski and Baron,2009)。然而,尽管有学者指出商业机会识别受到创业者调节焦点的影响,并可能对新创企业绩效产生重要作用,但商业机会识别是否在创业者调节焦点和新创企业绩效关系中具有传导作用,还有待进一步考察(Baron et al.,2012)。另外,在这个过程中,新创企业自身资源,尤其是新创企业的社会网络将会发挥重要的调节作用(De Carolis and Saparito,2006)。社会网络作为信息的重要来源,能够为创业者和新创企业带来真实和潜在的资源,有助于创业者和新创企业活动的开展(Alder and Kwon,2002)。因此,对商业机会识别在创业者调节焦点和新创企业绩效之间的中介效应以及新创企业社会网络的调节效应,需要进一步揭示和探讨。

此外,创业者如何引导新创企业内部进行有效学习,增加技术和知识储量,对于新创企业的生存和发展也至关重要(Auh and Menguc,2005)。现有文献指出,新创企业学习包括探索式学习和利用式学习两种方式(March,1991)。其中,探索式学习是指组织对外部新知识和新技术进行搜索,通过自身尝试来积累新知识和新技术的一种学习方式(March,1991)。而利用式学习是指组织在已经被证明有效的知识和技术上,通过重复学习来改进现有知识和技术的一种学习方式(March,1991)。尽管有学者认为,创业者调节焦点不同,引导新创企业采取的创业学习方式也会随之不同(Kammerlander et al.,2015),但全面、实证地分析探索式学习和利用式学习在创业者调节焦点和新创企业绩效之间中介作用机制的研究仍然匮乏。因而探索式学习和利用式学习在创业者调节焦点和新创企业绩效中的作用机制,尚需系统和深入地探究。

1.2　问题提出与研究意义

近年来中国的创业活动蓬勃发展,创业者和新创企业数量持续增长的同时,也伴随着新创企业存活率较低等诸多问题。识别新创企业绩效影响因素和提升机制是实践界和理论界共同关注的核心问题。高阶梯队理论指出,高层管理者的认知特征对企业的战略决策和运营结果具有重要影响。结合调节焦点理论,本研究重点考察创业者调节焦点(核心高层管理者的重要认知特征之一)对新创企业绩效的作用,并深入剖析这一作用过程的内部机制。具体来讲,主要包括以下三个方面。

第一,创业者调节焦点作为认知特征的重要方面,决定创业者的行为动机和行动策略(Higgins,2000),进而作用于新创企业的战略决策效率和质量(Brockner et al.,2004;Wallace et al.,2010),最终作用于新创企业的绩效结果(Johnson et al.,2015)。通过对现有文献进行梳理发现,调节焦点理论目前在创业领域的应用仍处于初始阶段。虽然有学者对调节焦点与创业意愿(Zhao et al.,2010)、商业机会识别(Tumasjan and Braun,2012)的关系进行了探索,但目前对创业者调节焦点对新创企业绩效的影响还有待研究。同时,根据调节匹配理论,促进型焦点和预防型焦点在不同的环境中会呈现出不同的作用效果(Higgins,2000)。因此,本研究试图从创业者的角度,探索创业者调节焦点对新创企业绩效的直接作用、环境动荡性的调节作用以及调节焦点与环境动荡性的交互效应,揭示创业者不同类型的调节焦点对新创企业绩效的作用机理。这不仅有助于拓展高阶梯队理论和调节焦点理论,同时有助于丰富和深化新创企业绩效的相关研究。

第二,新创企业的商业机会识别行为是创业者调节焦点作用发挥的重要机制。尽管创业者调节焦点对新创企业竞争优势的获取具有重要影响,但这种影响的发挥还受到新创企业的行为过程的作用(Baron et al.,2012)。商业机会识别作为新创企业的关键组织行为之一,在创业研究已经得到许多关注(Shane and Venkataraman,2000)。近年来,虽然有些学者开始探讨创业者调节焦点对商业机会识别的作用和影响,但是这些研究主要集中在个体层面,很少有学者探讨创业者调节焦点对新创企业机会识别行为的影响,更少有学者探索创业者调节焦点、商业机会识别和新创企业绩效之间的关系(Johnson et al.,2015)。尤其是商业机会识别作为一个重要的组织行为,还没有学者研究其在创业者调节焦点和新创企业绩效之间的中介效应。此外,商业机会识别是创业者获取、解读和处理信息,并将其转化为具有商业价值的想法或产品的过程(Shane and Venkataraman,2000)。作为信息的重要来源,社会网络在商业机会识别过程中扮演十分重要的角色(Chen et al.,2007)。但是,现有学者对新创企业社会网络在商业机会识别过程中的调节作用仍没有进行相关研究。因此,本研究从商业机会识别的视角,深入探讨其在创业者调节焦点和新创企业绩效之间的中介机制,以及社会网络在研究模型中的调节机制。从这一角度考察商业机会识别和社会网络的作用机理,对于加深创业者调节焦点和新创企业绩效关系的理解,丰富商业机会识别和社会网络的相关研究具有重要的意义。

第三,探索式学习和利用式学习能力已成为企业获取竞争优势的关键(March,1991)。探索式学习和利用式学习可以影响新创企业的知识和技能的积累,进而影响新创企业的生存和成长(March,1991)。通过对现有文献进行梳理,学者们发现探索式学习和利用式学习受到来自领导、组织和企业的多方面因素影响,并且对组织绩效和新产品绩效产生重要作用(Hoang and Rothaermel,2010)。尽管有学者提出调节焦点可能会影响企业对学习方式的选择（Kammerlander et al.，2015），然而探索式学习和利用式学习是否受到创业者调节焦点的影响，是否在创业者调节焦点和新创企业绩效之间充当中介角色，尚待进一步检验。因此，本研究从创业学习的角度，系统研究创业者调节焦点、探索式学习和利用式学习、新创企业绩效三者之间的复杂关系，进一步探讨探索式学习和利用式学习的中介机制，有助于丰富相关理论成果，同时为创业者进行创业实践和管理提供理论支撑和决策依据。

1.3 研究内容与研究方法

1.3.1 研究内容

本研究综合国内国外研究成果，以高阶梯队理论和调节焦点理论为基础，结合新创企业绩效、环境动荡性、商业机会识别、社会网络、创业学习等相关研究基础，通过模型构建和实证验证等方法，重点探讨创业者调节焦点对新创企业绩效的影响机理，从而为创业者和新创企业的有效管理和运营提供理论参考和决策支持。具体来说，本书主要实现以下三大研究目标：一是揭示创业者调节焦点和新创企业绩效之间的直接作用机制，并考察环境动荡性的调节效应以及其与调节焦点的三阶交互效应；二是结合商业机会识别的相关研究，探究商业机会识别在创业者调节焦点和新创企业绩效之间的中介作用机制，并考察社会网络的调节作用与有调节的中介效应；三是结合创业学习的研究成果，进一步探讨探索式创新和利用式学习在创业者调节焦点和新创企业绩效之间的中介效应。以研究目标为基础，本研究将具体的研究内容分解为以下三个部分。

（1）创业者调节焦点、环境动荡性与新创企业绩效的关系分析。高阶梯队理论指出,高层管理者的认知对企业的战略和运营结果产生重要影响。创业者作为新创企业的创立者和实际经营者,是新创企业最关键的高层管理者。调节焦点是认知的重要部分,对个体的行为动机与决策方式和效率具有重要作用。通过对文献的梳理,笔者发现现有研究对创业者调节焦点与新创企业绩效之间的关系还没有清晰的认识,对其作用机理的研究仍处于空白状态。因此,本研究试图探究创业者调节焦点与新创企业绩效之间的关系,希望借此揭开两者之间的联系。此外,新创企业所处的行业环境的特征,尤其是环境的动荡程度,对于创业者调节焦点作用的发挥具有重要的影响。于是,本研究将环境动荡性考虑在研究模型之中,作为影响创业者调节焦点和新创企业绩效关系的调节因素。

(2)商业机会识别的中介效应及社会网络的调节效应分析。为了更加深入地了解创业者调节焦点对新创企业绩效的影响机理,本研究将探究两者之间的中介机制,考察创业者调节焦点如何通过新创企业的运营过程来影响绩效结果。基于高阶梯队理论,考虑商业机会识别在创业过程中的关键作用,本研究将新创企业的商业机会识别视为一个重要的中介机制,探讨不同调节焦点的创业者如何推动或阻碍新创企业的商业机会识别行为,从而进一步作用于新创企业的绩效结果。由于新创企业的社会网络在商业机会识别和开发中的重要作用,本研究将其考虑在内,作为影响商业机会识别的中介作用的调节因素,提出一个有调节的中介模型,试图深刻解读创业者调节焦点、商业机会识别、社会网络、新创企业绩效之间的复杂关系。

(3)探索式学习和利用式学习的中介效应分析。新创企业的生存和发展不仅依赖于其商业机会识别和开发的能力,同时也依赖其创业学习的能力,其生存和发展需要不断地吸收和发展新技术与新知识。虽然前人的研究讨论了调节焦点对探索式创新和利用式创新的作用,但是并没有系统地考察调节焦点、探索式学习和利用式学习、新创企业绩效之间的复杂关系。因此,结合现有调节焦点与探索式创新和利用式创新的研究基础,本研究将探索式学习和利用式学习纳入研究模型,并视为创业者调节焦点作用于新创企业绩效的另一个重要的中介机制。

1.3.2 研究方法

本研究综合采用文献调研法、实地调查法和实证分析法等方法,严格遵循"文献梳理与研究—提出假设—问卷调查—实证分析—形成结论"的基本研究路径,深入探讨创业者调节焦点对新创企业绩效的影响机理。具体研究方法如下。

文献调研法。遵照文献调研法的原则和步骤,主要对现有相关文献进行搜集和整理工作。基于图书馆馆藏图书资源与电子数据库的期刊论文资源,对相关文献进行了全面搜集。完成文献全面搜集工作之后,按照一定标准对搜集的文献进行了筛选,剔除了与研究主题不相符的文献。完成文献筛选工作之后,对文献进行了仔细阅读,并按照一定的思路对文献进行了整理和梳理。通过对文献的系统梳理,对研究现状形成了清晰的认知,发现了当前研究的薄弱环节,提出了本研究的关键问题,从而为研究路线的制定、研究模型的构建以及后续的实证分析夯实了基础。

实地调查法。主要通过实地访谈和问卷调查两个方面进行实地调查。首先,针对文献调研归纳出的研究问题和相关概念,选取若干家新创企业的创业者进行实地访谈。实地访谈的开展,有利于获取实践中真实的情况,从而帮助笔者将文献调研与管理实践相结合,及时修正先前的研究思路和模型。其次,综合考虑文献调研和实地访谈相关内容,遵循社会科学研究方法的要求，采用以往研究中使用的成熟量表，编织成结构化问卷，并将结构化问卷发放给合适的调研对象，收集数据，为下一步的实证分析打下基础。

实证分析法。基于理论模型和相关假设，利用统计软件（如 SPSS）对收集的问卷数据进行实证分析，从而得出研究结论。通过一系列的数据处理和分析，如信度和效度检验、共同方法偏误检验、相关性分析和层级回归分析等，对先前的理论假设提供了有效的数据验证和支持，从而提高研究结论的客观性和可信度，为理论和实践提供科学依据。

1.4 技术路线与论文结构

1.4.1 技术路线

本研究严格遵照"发现问题—分析问题—解决问题"的科学研究流程展开。首先通过文献调研和实地访谈提出研究问题，界定研究内容，在此基础上形成研究的概念模型并提出具体的研究假设，然后通过问卷调查和实证分析对概念模型和相关假设进行验证，最终得出相应的研究结论。鉴于此，本研究的技术路线如图 1.1 所示。

1.4.2 论文结构

根据技术路线设计，本研究分为六个章节，具体如下。

第 1 章，绪论。该部分主要阐明研究背景、研究问题、研究意义、研究方法和路径，并提出研究创新点。首先，从研究新创企业绩效的重要性和必要性出发，阐释创业者在新创企业绩效中扮演的重要角色，并结合创业者调节焦点对新创企业绩效影响研究的现实情况以及相关基础，

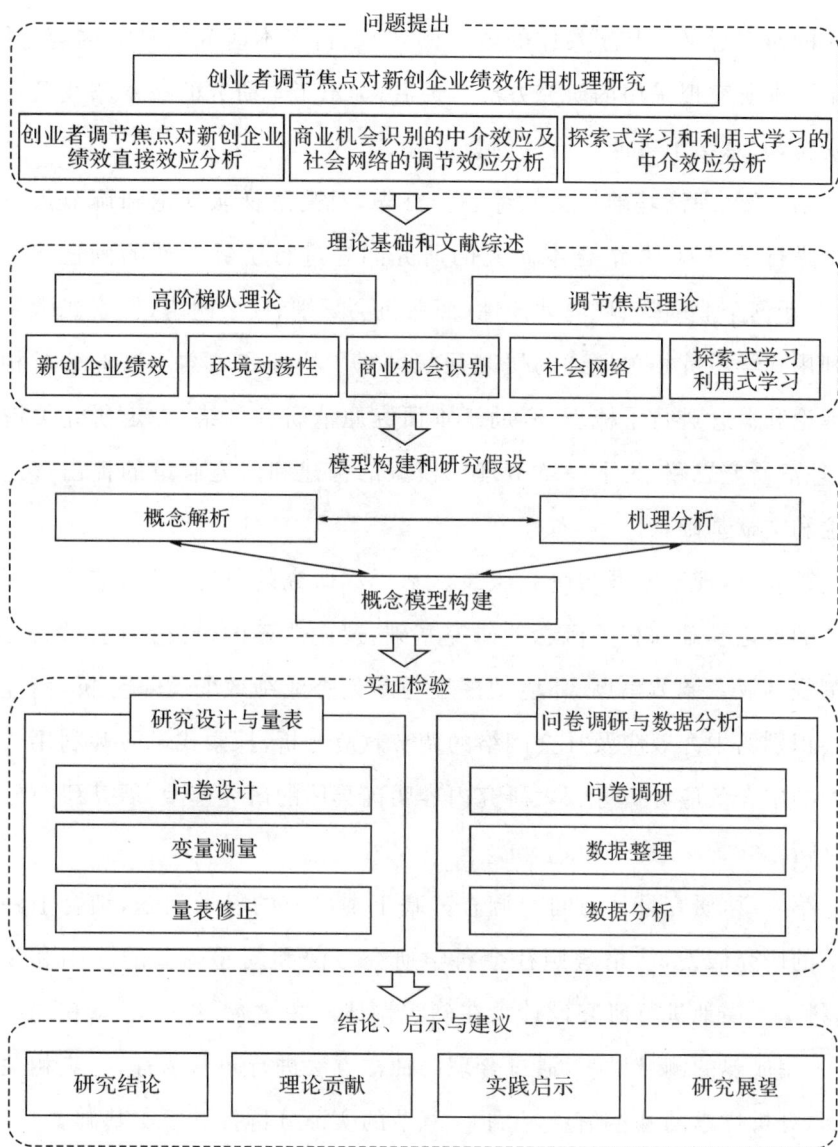

图 1.1 本研究的技术路线

厘清了本研究的研究范畴。在此基础上,提出具体的研究问题并阐释相对应的研究意义。基于具体的研究问题,剖析了本研究的具体内容,并介绍了本研究拟采用的研究方法。最后,提出了本研究的技术路线及章节安排,并总结了可能的研究创新点。

第2章,理论基础与文献综述。首先,对高阶梯队理论和调节焦点理论进行了回顾,并结合本研究的研究问题进行了针对性的阐述。其次,对新创企业绩效、环境动荡性、商业机会识别、社会网络、探索式学习和利用式学习等相关概念的研究现状进行了梳理和归纳。该部分对相关理论和概念进行了梳理,有助于本研究厘清研究脉络,界定研究关键点,理清研究思路,为下一章节理论模型的构建和研究假设的提出奠定理论和文献基础。

第3章,理论模型与研究假设。基于本研究的研究内容,结合上一章节的理论基础和相关概念的研究基础,遵循严谨的研究推理原则,分别围绕创业者调节焦点、环境动荡性与新创企业绩效的关系分析,商业机会识别的中介效应及社会网络的调节效应分析,探索式学习和利用式学习的中介效应分析等三大研究内容明确具体的研究模型,展开研究假设推衍。

第4章,研究设计与问卷调查。基于本研究的科学问题,结合上一章节的研究假设,严格遵照社会科学研究方法和问卷调查的原则和步骤,科学严谨地进行研究设计。在确定调研对象之后,综合考虑其他因素,采用成熟的测量量表,通过合理的抽样方法进行问卷调查,收集相关数据,分析样本的基本信息,为下一章节的实证分析打下坚实基础。

第5章,数据分析与实证检验。围绕创业者调节焦点、环境动荡性与新创企业绩效的关系分析,商业机会识别的中介效应及社会网络的调节效应分析,探索式学习和利用式学习的中介效应分析等三大研究内容,首先检验了各变量的信度、效度和共同方法偏误等问题,然后检验了各变量之间的相关性等方面,最后对上一章节中的研究假设进行验证分析,对数据分析结果进行解读和解释。

第 6 章,研究总结与展望。该部分主要对本研究的研究结论进行了进一步梳理和总结,并在此基础上阐述研究的理论贡献和实践启示,从而进一步说明研究的理论和实践价值。同时,指出了本研究的局限性,并对未来研究进行了展望。

1.5　研究创新点

本研究基于高阶梯队理论和调节焦点理论,着重探究了创业者调节焦点如何影响新创企业绩效。首先,本研究根据调节焦点理论的具体内涵和逻辑以及新创企业绩效的相关研究结论,探究了创业者调节焦点对新创企业绩效的直接作用机制,并且考察环境动荡性与调节焦点的交互影响机制。随后,本研究根据现有文献对商业机会识别的研究,探究商业机会识别在创业者调节焦点和新创企业绩效关系中的中介作用,并且考察了社会网络的调节作用。最后,本研究将创业学习纳入研究框架,并根据相关的研究基础,探究探索式学习和利用式学习在创业者调节焦点和新创企业绩效之间的另一个重要中介机制。本研究的创新点如下。

(1)从创业者认知的角度出发,探究了创业者调节焦点对新创企业绩效的影响机理。学者们普遍认为,新创企业是创业者意志在企业层面的重要反映,新创企业的生存和发展深受创业者个人因素的影响(Cassar, 2014; Hmieleski and Baron, 2009)。从这个观点出发,当前研究根据高阶梯队理论,主要就创业者的人口统计特征对新创企业绩效的影响进行了研究(Tuggle et al., 2010)。近年来,认知作为创业者个人的深层特征,在相关研究中受到了越来越多的重视(Colbert et al.,2014)。基于这一研究背景,本研究试图从一个重要但被现有研究忽视的认知特征——调节焦点出发,探究创业者调节焦点对新创企业绩效的作用机理。本研究尝试从创业者认知的角度为新创企业绩效的前因研究提供更加全面的参考,并为后续的相关研究提供更加开阔的思路。

(2)引入商业机会识别和创业学习机制,探析了其在调节焦点和新创企业绩效关系间的中介过程。根据高阶梯队理论,高层管理者首先对企业战略或能力产生影响,进而影响企业绩效(Hambrick and Mason,1984)。考察高层管理者认知对绩效影响的过程,即其中的中介机制,不仅有助于系统地了解高层管理者认知因素的作用机理,也有助于更加科学地认识新创企业绩效的提升机制。鉴于先前学者已将调节焦点理论在商业机会识别和创业学习中进行了应用,并得出了重要的研究结论(Hmieleski and Baron,2009;Kammerlander et al.,2015),同时考虑到商业机会识别和创业学习对新创企业绩效的重要作用,本研究试图将商业机会识别和创业学习纳入研究框架,重点考察两者在创业者调节焦点和新创企业绩效之间的中介作用。因此,本研究为深刻和系统地理解调节焦点对新创企业绩效的作用机理提供了重要基础。

(3)结合理论与具体实践,考察了环境动荡性和社会网络在相应研究中的调节机制。由于创业者调节焦点和新创企业绩效关系的复杂性,除了探讨两者之间的中介机制外,还需考虑影响两者关系的边界条件,从而提供更加严谨的解读。出于这个考虑,本研究首先根据调节匹配理论,研究了新创企业所处行业环境的调节作用,认为环境动荡性会影响创业者调节焦点对新创企业绩效作用的强度和力度(Higgins,2000)。其次,在探讨商业机会识别的中介作用时,引入新创企业的社会网络作为重要的边界条件,认为社会网络的丰富度对于创业者调节焦点作用的发挥,以及商业机会识别的过程都具有重要的调节作用。因此,研究调节机制对于全面理解创业者调节焦点对新创企业绩效的影响以及其中的中介机制具有重要作用,同时为管理实践提供了重要参考。

1.6 本章小结

本章从现实背景和理论背景出发,基于高阶梯队理论和调节焦点理论,阐明了创业者调节焦点对新创企业绩效的重要作用。结合相关研究,进一步阐述了商业机会识别和创业学习在其中的中介机制,以及相关的调节作用机制。在此基础上,提炼了研究问题和研究内容,确定了本研究的研究框架,分析了拟采用的研究方法以及技术路线,总结了研究的创新点,为后续章节的展开做了充分准备。

第2章　理论基础与文献综述

2.1　理论基础

2.1.1　创业基本理论

20 世纪 80 年代以来,创业研究如火如荼,相关理论与文献层出不穷,研究主题逐渐丰富,研究视角不断拓展,研究层次愈加多元,已经成为一个新兴且热门的研究领域。30 多年来,随着创业实践的发展和创业研究的深入,创业基本理论的研究大致经历了创业特质论研究阶段、创业过程论研究阶段与创业认知论研究阶段。

(1)第一阶段:创业特质论研究。

古典经济学家和新古典经济学家最早开始专注创业者和创业活动在社会经济系统中的角色和作用。然而,经济学惯用的数学模型思维难以将创业者与创业活动纳入模型方程,来准确解释创业者个人特征及创业活动的内在规律,因此,创业者及创业活动研究长期被主流经济学家所忽略,并被视为一项影响经济社会系统运行的外生变量。随着工业社会的迅速发展,创业者与创业活动的重要作用开始凸显,尤其是在推动社会经济发展方面的价值日益显著,不少经济学家开始尝试运用管理学、社会学、心理学等不同学科的视角重新理解与研究创业者及其创业行为。一方面,学者们从个人特质的角度剖析了创业者特征,主要包括风险承担、不确定性容忍度、利润驱动、创新开创等;另一方面,学者们将创业者特质神化到创业者个体身上,形成了创业者天生偏好风险、拥有准确判断力、创业活动并非一般人可尝试等主要论断,从而形成了创业特质论的系列研究。

1755 年,古典经济学家坎蒂隆(Cantillon)最早提出"创业者"的概念,并首次从经济学的视角对创业者的角色做出了精确的定义。他提出在经济系统中存在三类人:土地所有者(即出资人)、创业者(即套利者)和雇工(即获取劳动报酬者)。其中创业者通过"以固定价格买入、以不确定价格卖出"实现其套利功能,获取相应利润,相应地也使得市场能够达到均衡状态。在此视角下,坎蒂隆认为创业者在经济活动中充当主要角色,并且其因为从事具体活动的不同而展示出不同的身份,常见的身份有农场主、银行家和商贩等等。此外,他还提出,相对于其他经济活动参与者,创业者通常承担更高的风险,而这种风险主要来源于套利过程中的不确定性。

萨伊(Say,1814)在拓展了坎蒂隆研究的基础上,更加具体地提出了创业者的管理职能,他认为创业者在生产系统和消费系统中也扮演了极其重要的角色。与创业者零和博弈理论观点相反,萨伊认为创业者通过生产活动使得原材料的效用和价值增加,从而创造了更多的社会财富,即创业者在生产环节增加了社会总财富。此外,他将产业工作划分为知识创造、知识运用和实际执行三种类型,其中创业者承担了知识运用的工作,即创业者通过运用知识去生产产品,从而满足社会需求。同时,他认为创业者拥有风险承担的能力和天赋,可以通过产品的销售获取收入,随后将收入分配到各部门,并在分配的过程中实现自身财富的消耗与积累。除此之外,他还提出创业者拥有与众不同的品质,比如极强的判断力、长久的耐力和精湛的管理艺术等。

与萨伊的观点不同,奥地利经济学家熊彼特(Schumpeter,1942)反对仅仅把创业者视为企业管理者的主流观点。他首次将创业者定义为创新者,即不断寻求新的获利机会,并在此过程中引入新的组合或者进行创新活动。正因为此,熊彼特从创新的视角理解创业者和创业活动,开启了创业研究新的纪元。同时,熊彼特将心理学理论与经济学理论相结合来研究创业理论,并提出了创业者从事创新活动的三大动机:一是通过建立私人王国来获得社会认同及社会地位;二是通过创新创业活动来证明自身的能力以满足其成就感;三是通过创新活动可以带来心理愉悦感,继而提升幸福感。因此,他认为创业者既不是一个职业,不是一种持续的状态,也不是风险承担者和资本家,而是扮演着创新者和领导者的角色。

(2)第二阶段:创业过程论研究。

20世纪80年代末,创业特质论遭到严重挑战,特质论研究流派之间无法进行具有建设意义的交流,对创业者和创业活动的认识也未形成突破性进展。学者们开始认识到,将创业活动和创业成功归结为创业者本身具备的天生特质,割裂了创业者、创业行为、创业活动、创业情境之间密不可分的关系,并不能有效地解释创业活动的开启及运行过程。在此背景下,学者们反思创业特质论研究,开始关注创业过程的内涵,从而去研究采用怎样的方式能够有效地识别创业者及其行为特征,并提炼创业过程的内在规律。

首先,学者们揭示了创业特质论研究结论中相互矛盾的观点,分析了存在矛盾的深层次原因。Gartner(1989)分析了创业特质论"同样条件下,为什么有些人成为创业者而有些人却没有"这一基本假设,认为该假设本身没有问题,问题在于该假设的片面性导致了后续研究方向的偏航。随着相关研究的深入，创业特质论研究并没有形成对创业者的概念的统一界定，也没有形成对创业者群体特征的统一认识，并且创业者特质的清单种类较多，各特质之间存在相互矛盾的情况。他认为，创业者及新创企业绩效之间的差异并不完全来源于创业者个人特质间的差异，创业者也并非由先天特质决定，而是由后天各类因素共同塑造和促成的。因此，他提出了创业特质论研究的改进途径，比如通过借鉴社会心理学和认知领域的成熟理论和研究结论来重新认定创业者特质论的相关概念。此外，Gartner 认为创业活动是多维的，应该厘清关键变量及其之间的影响关系，从而构建了基于过程视角的创业过程研究模型（具体见图 2.1）。该模型提出创业过程主要包括四类要素：个体（individual）、组织（organization）、环境（environment）、创建过程（new venture process）。创业活动就是这些要素在新企业创建过程中多维度交互作用的结果。

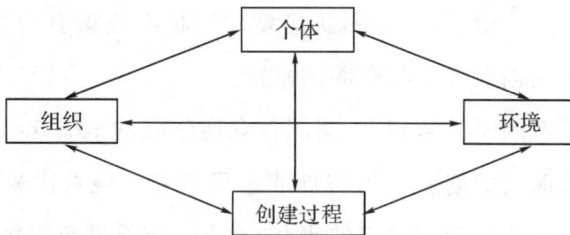

图 2.1　Gartner 的创业过程研究模型

Timmons(1999)在 Gartner 研究的基础上，提出了一个具有深刻影响的创业过程模型框架（具体见图 2.2）。他认为创业机会、创业资源、创业团队是构成创业过程的三个关键要素。其中创业机会是核心要素，创业过程本质上就是创业机会的发现与开发的过程；创业资源是必要要素，是机会发现和开发的物质基础；创业团队是关键组成要素，是机会发

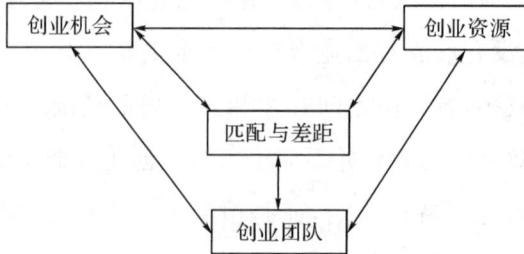

图 2.2　Timmons 的创业过程模型框架

现和开发的实施主体。Timmons 提出创业过程是创业机会、创业资源、创业团队三要素动态平衡的过程。由于外部环境的不确定性和动荡性，创业过程也充满着各种风险和不确定性，三要素之间也会存在变化和失衡的状况。在创业活动开启初期，创业团队应该迅速整合和利用创业资源，快速识别和开发创业机会；在创业活动进程中，创业团队应该将重心放在合理配置创业资源，从而实现新创企业的稳定发展；尤其是在外部环境较为动荡的情境下，创业团队应该发挥核心决策者的作用，调整活动中心从而实现创业机会与资源的平衡。

　　在以上学者的研究基础上，美国百森商学院的 Renynolds 教授进行了更加系统和深入的创业行为与创业过程研究。他首次采用跟踪调查的方法来进行创业行为和过程的研究，该方法有效避免了横截面调查带来的幸存者偏差问题（仅研究创业成功的案例而无法观测到创业失败的样本）和后视偏差问题（调查数据因样本的记忆模糊或者主观偏见等因素而失真），能够掌握创业过程中的动态变化，从而发现和揭示创业行为和过程的本质规律。在此基础上，具有重要意义的创业动态跟踪调查项目（Panel Study of Entrepreneurial Dynamics，PSED）最终开启。该项研究具有里程碑意义，极大地推动了创业过程研究的发展和深入。具体来看，该项研究主要贡献在于以下几个方面：第一，从过程视角将创业活动归纳为存在逻辑递进关系的阶段性活动组合,从而为创业领域的研究者和实践者提供了可借鉴的分析框架;第二,从人力资本、社会资本和心理资本的视角来研究创业活动中关键行为绩效的前因,比如创业机会识别、商业模式创新、创业资源获取等;第三,从特定的创业情境出发,发现了创业活动独有的行为模式和过程逻辑,比如资源拼凑、效果推理、即兴行为等。

（3）第三阶段:创业认知论研究。

随着创业过程研究的兴起和深入,学者们开始关注行为和过程背后的决策和认知成因。客观地看,创业特质论关注创业者个体对创业活动的重要影响本身没有问题,但是其过度强调了创业者个体的影响而忽略了创业过程和情境,将创业成败片面地归结为创业者个人特征。意识到创业特质论的不足,创业认知论进行了反思,并将其与创业过程论结合,从而进行了深化。创业认知论的发展也大致经历了三个阶段。

第一阶段,创业认知论主要关注"为什么有人会选择成为创业者"。反思创业特质论的研究成果,创业者和非创业者在人口统计变量、人格特质等方面并没有存在显著差异,学者们开始思考到底是哪些因素区别了创业者和非创业者两类群体。早期的创业认知论学者基于社会认知理论,将关注点集中在创业意向的研究上,他们认为创业意向是个体与环境相互作用而形成的创业主观认知的结果变量,从而试图去探讨创业意向的形成原因。研究发现创业意向的形成是一些类创业情境下独特认知因素的组合,比如创业自我效能感、创业主观规范、创业态度等。此外,他们将这些认知因素统一为创业认知,提出创业认知与组织行为学中的认知具有显著差异,创业认知更加依赖启发式等偏见认知过程。

第二阶段,更加关注创业情境的独特性,并基于独特的创业情境来比较创业者和企业管理者的异同点,从而总结创业认知的独特性。学者们进行了大量的理论和实证研究,比如 Busenitz 和 Barney(1994)通过研究创业者和企业高层管理者的个体差异,发现创业者更加擅长在决策过程中采用直觉判断和认知偏差式认知模式,并指出这类认知模式有助于创业者识别和开发创业机会。然而,这一阶段的研究,仅仅指出创业者和非创业者创业认知结构的不同,但是忽略了创业认知与创业行为和创业过程的内在联系,从而导致研究结论的相对片面性。

第三阶段,学者们注重研究创业认知、决策、行为、过程内在联系的系统性和统一性,并对相关研究进行系统化整合,将关注重点从行为理性上升到认知理性。Bird(1988)提出创业者的行为模式受到认知和情感的影响毋庸置疑,但是研究不应仅仅停留在表面,而应该去挖掘其背后更深层次的原因,比如创业认知和创业决策的独特性。Mitchell(2007)基于以往研究结论,对创业认知的内涵进行了界定,指出它是创业者在创业机会评价和新创企业成长过程中采用的判断、评价和决策的知识结构,这个论断对于解释创业者的思考逻辑和决策模式提供了参考。这一阶段的创业认知研究通常以创业行为和创业过程为研究情境,将关注点放在创业者个体在此情境中的思维过程和认知风格,从而提炼出可训练可培养的创业认知,对于创业教育主管部门、创业实践者和创业研究者提供了有价值的分析框架与研究结论。

总体来看,创业的理论研究脉络基本由"创业特质论→创业过程论→创业认知论"三个阶段构成。通过梳理可以发现,创业研究的理论和视角更加偏重于创业情景的独特性,去挖掘创业活动的本质规律,并以此回答创业研究前期提出的最基本问题。

2.1.2　高阶梯队理论

(1)高阶梯队理论内涵。

基于战略决策环境复杂性和高层管理者有限理性的分析，Hambrick 和 Mason（1984）提出高阶梯队理论（Upper echelons theory），强调高层管理者对组织战略及绩效具有重要作用。高阶梯队理论的基本观点是，组织作为高层管理者的反映体，其战略及运营结果深受高层管理者个人特性的影响。具体来说（详见图 2.3），高层管理者的个人特性（如人口统计因素和心理因素等）影响其对组织所处战略情境的判断和分析，从而影响对组织战略的选择，最终影响企业运营的绩效结果。可见，就高层管理者个性与组织运营结果两者的关系来看，后者反映了前者，而前者有效解释后者。高阶梯队理论既为高层管理者预测组织绩效结果提供了可能性，也为组织甄选和培养高层管理者提供了思路，在心理学、社会学、经济学和管理学等领域均得到了广泛运用和验证。历经 30 多年的发展，大量基于高阶梯队理论的实证研究有力证实了高层管理者对组织战略和绩效的重要影响，从而也驳回了 Lieberson 和 O'Connor（1972）提出的"高层管理者无用论"。

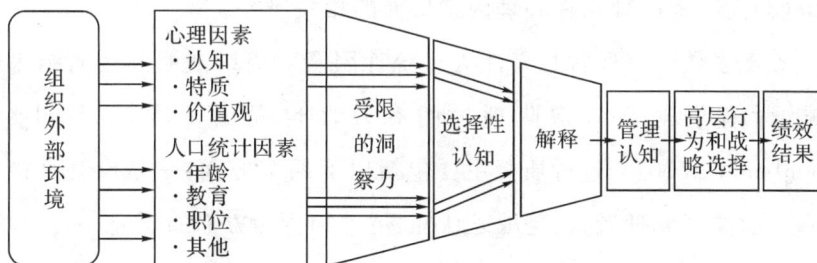

图 2.3　高阶梯队理论框架

（2）高阶梯队理论在人口统计因素层面的相关研究。

鉴于人口统计数据获取的便利性，大量研究从人口统计因素探索其对高层管理者行为决策、组织战略及运营结果的影响作用。其中，人口统计因素主要包括性别、年龄、受教育程度、工作经历及任期等。Carter等（2003）以美国1000家上市公司为研究对象，发现公司中女性高管和少数民族高管所占比例越高，股东价值也就越高。基于美国公开数据库信息，Erhardt等（2003）也证实了类似结论，即女性高层管理者和少数民族管理者越多，企业价值也就越高。此外，Miller等（2009）发现高层管理者中女性和少数民族人数对企业的声誉和创新能力也具有正向的影响。基于高阶梯队理论，Tuggle等（2010）揭示了高层管理者的任期和行业背景对董事会创新性问题解决方案具有重要影响。Olson等（2006）的研究结果表明，高层管理团队的职业背景的异质性有利于组织创新绩效的提升。国内学者也对人口统计因素的作用进行了研究。周建等（2012）发现，高层管理者受教育程度越高，企业的研发支出也就越多。根据高阶梯队理论，以中国沪深两市2007—2009年间261家高新技术企业为样本，周建和李小青（2013）实证发现，高层管理成员的职能背景异质性和受教育程度对组织战略创新具有正向影响。

（3）高阶梯队理论在心理因素层面的相关研究。

鉴于多数研究通常只专注人口统计因素对组织战略和运营结果的影响，学者们对高阶梯队理论的有效性也提出了质疑（Boal and Hooijberg，2000）。这种质疑主要包括以下四个方面：一是没有直接接触真正的高层管理者；二是缺乏认知、情感和行为方面的研究；三是没有真正解释人口统计因素的作用过程，成为新的"人口学背景黑箱"；四是人口统计因素（作为认知因素的代理变量）对组织战略和运营结果的影响可能是通过其他变量发生的。针对这些质疑，高阶梯队理论在研究的深度上也进行了拓展。如 Hambrick（2007）认为，应该直接考察高层管理人员的心理因素（如特质、价值观和认知）对信息处理、战略决策和运营结果的作用。

近年来，学者们开始直接采用心理特征变量，尤其是认知变量，来解释和预测组织战略与绩效。Huffman 和 Hegarty（1993）的研究表明，高层管理者的外向型专业能力、搜索方式及通用管理能力有利于促进企业的产品创新和市场创新，而高层管理者的内向型专业能力、计划控制方式、资源获取能力及通用管理能力有利于企业的管理创新。Simon 和 Houghton（2003）通过访谈和问卷调查相结合的研究方式，发现过度自信的 CEO 更加倾向于开发前卫型产品，而不是引进改进型产品。通过对美国 477 家公司的分析，Malmendier 和 Tate（2008）发现与非过度自信的 CEO 相比，过度自信的 CEO 更加倾向于企业并购，但是宣布并购后的市场反应较差。Simsek 等（2010）的研究表明，CEO 的核心自我评价（Core self-evaluations）与企业的创业导向战略正相关，并且这一正相关关系在动荡环境中更加强烈。Colbert 等（2014）发现，高层管理者的情绪稳定性、尽责性和开放度对组织承诺和绩效具有积极的影响。

随着高阶梯队理论的不断发展和应用，学者们开始关注高层管理者认知特征对企业战略选择和绩效的影响（如 Colbert et al.，2014）。在这种情况下，本研究将基于高阶梯队理论的观点，深入研究创业者的认知特点对新创企业绩效的作用机理。

2.1.3　调节焦点理论

（1）调节焦点理论内涵。

调节焦点理论（Regulatory focus theory）是认知理论的重要组成部分。该理论阐述了在目标实现过程中，个体如何趋利避害以及如何调节自身认知、情绪和行为(Crowe and Higgins，1997)。调节焦点理论认为(Higgins，1997，1998)，人类拥有两种不同的自我调节体系，即促进型焦点(Promotion focus)和预防型焦点 (Prevention focus)。促进型焦点的个体，关注积极的目标或结果，关心个人成长和成就，追求"理想自我"的实现，并对周边的机会很敏感。而预防型焦点的个体，关注消极的目标或结果，重视个人的职责和义务，固守"应该自我"。调节焦点不同，采取的行为策略也随之不同。具体来说，促进型焦点的个体采取接近型策略(Eagerness strategy)，倾向于将"收益"最大化，"不收益"最小化。而预防型焦点的个体采取规避型策略(Vigilance strategy)，倾向于将"损失"最小化，"不损失"最大化。

促进型焦点和预防型焦点分别对应不同的行为动机。促进型焦点对应变革动机，而预防型焦点对应稳定动机(Higgins，1998；蒋琬，2015)。变革动机促使个体追求发展和变革，注重发挥创造性优势和创新性行为；稳定动机促使个体关注安稳和保障，倾向墨守成规和保持现状(Higgins，1997)。促进型焦点的个体表现出较多的创造性思维和想法、广阔和抽象的解释能力以及较高的风险偏好；相反，防御型焦点的个体则表现出常规的思维模式、对具体明确信息较强的依赖性以及较低的风险偏好(Higgins et al.，2001)。促进型焦点的个体热爱参加学习活动，拥有较强的解决问题能力，主动地寻找解决问题的相关信息，积极地尝试多种问题解决方案，勇于探索以及追求理想和获得(Friedman and Förster，2001；Liberman et al.，1999)；而防御型焦点的个体倾向于规避学习活动，尽量避开创造性的挑战(Hirst et al.，2009)，表现出较高的保守倾向，倾向于维持现状而不愿尝试新方法或新路径(Friedman and Förster，2001)。表 2.1 对两类调节焦点的特点进行了归纳和比较。

关于调节焦点理论的内涵，需要注意以下两点。第一，促进型焦点和预防型焦点是相互独立而非完全对立的两个维度（Förster et al.，2003）。通过一项元分析研究，Lanaj 等（2012）发现促进型焦点和预防型焦点两者的相关性很低（r＝0.11）。这表明，个体的促进型焦点和预防型焦点可以同时很高，或者一高一低，再或者同时很低。比如，高促进型焦点和高预防型焦点的个体，既会采取接近型策略实现理想，也会采取规避型策略避免可能存在的负面结果。第二，调节焦点是相对稳定但可变的个体变量（Gamache et al.，2015）。与个人特质相比，调节焦点具有较强的可塑性和可变性；而与情绪变量相比，其具有较强的稳定性。调节焦点之所以相对稳定，主要是因为它由个人特质和情境因素共同决定。比如，不同的成长经历（如父母教育），会促使个体产生不同类型的自我调节策略，进而形成相对稳定的调节焦点（Higgins，1997）。这种相对稳定的调节焦点，会受到情境因素的影响甚至改变（Higgins et al.，2001）。在组织行为学中，学者认为这些情境因素包括价值和规范、先前的工作经历以及领导成员之间的交互等等（Johnson and Yang，2010）。

表 2.1　促进型焦点和预防型焦点的不同点比较

不同点	促进型焦点	预防型焦点
关注焦点	成长、成就、实现	安全、责任、义务
目标倾向	追求积极和正面结果	规避消极和负面结果
衡量标准	收益—非收益	损失—不损失
行为策略	接近型策略	规避型策略
行为动机	变革动机	稳定动机

注：作者根据以往相关文献整理。

（2）调节焦点理论在组织领域的相关研究。

调节焦点理论在组织行为学领域得到了广泛应用。本研究主要从领导行为、人力资源管理和战略管理三个方面，对现有文献进行梳理。

第一,领导行为相关研究。首先,运用调节焦点理论解释领导方式的形成机制。Kark 和 Van Dijk(2007)发现促进型焦点的管理者通常采取变革型领导行为,而预防型焦点的管理者则倾向于采取交易型领导行为。其次,运用调节焦点理论解释领导行为在不同情境中的作用机理。比如,Van Dierendonck 等(2014)通过系列研究发现,与预防型焦点的领导者相比,促进型焦点的领导者能够更加有效地处理危机事件。最后,运用调节焦点理论解释领导和员工调节焦点的匹配问题。Benjamin 和Flynn(2006)发现,变革型领导能够激发促进型焦点员工行为动机的强度。Shin 等(2014)研究发现,员工的预防型焦点与组织公民行为呈正相关关系,并且这一关系在预防型焦点的领导方式下变得更强。除此之外,学者们发现当领导和员工的调节焦点相匹配时,能够降低离职率(Hamstra et al.,2011),增强个人价值感(Hamstra et al.,2014),还能够增加亲社会行为(De Cremer et al.,2009)。

第二,人力资源管理相关研究。有学者认为,调节焦点理论对于解决人力资源管理相关问题(如人员招聘、工作分析、职能设计和绩效管理等)具有很强的效力(Johnson et al.,2015)。比如,在人员招聘方面,Lanaj 等(2012)提出,对于创新性较强的研发部门,应该招聘促进型焦点的员工,而对于常规性部门,则应该招聘预防型焦点的员工。在绩效管理方面,Wallace 等(2009)的研究发现,促进型焦点和预防型焦点均与员工的任务绩效正相关。同时,他们还发现促进型焦点与员工的安全绩效负相关,而预防型焦点与员工的绩效正相关。

第三,战略管理相关研究。首先,研究高管调节焦点对组织结果变量的影响。比如,Wallace 等(2010)通过对中小企业的实证研究发现,CEO 的促进型焦点和预防型焦点均对企业绩效产生正向影响。但是,在动荡的行业环境中,促进型焦点的 CEO 对企业绩效的正向作用会变强,而预防型焦点的 CEO 对企业绩效的正向作用会变弱。Gamache 等 (2015)发现,CEO 的促进型焦点与企业战略收购的数量和价值正相关, 而预防型焦点与企业战略收购的数量和价值负相关。其次,将调节焦点 理论与代理理论结合,研究补偿激励手段对高管战略决策的影响作用。 Wowak 和 Hambrick (2010)提出的概念模型认为股票期权对高促进型 焦点和高预防型焦点的高管都不会产生影响。这是因为,在做出具有风 险性的决策时,促进型焦点的高管倾向于考虑潜在的收益,而预防型焦 点的高管倾向于考虑潜在的损失。所以,不管能否获得股权激励,高促 进型焦点的高管都倾向于冒险;而任何潜在的股权激励都不会促使高预 防型焦点的高管参与冒险性活动。再次,从社会认知视角研究高管调节 焦点对组织的影响。比如,Arazy 和 Gellatly (2012)认为,项目领导的调 节焦点会影响员工对组织知识管理系统的参与程度。

第四,企业财务绩效相关研究。企业财务绩效是组织行为研究中关 键与核心的变量。因而,随着调节焦点理论研究在组织行为学中的不断 深入,学者们开始探索调节焦点对企业财务绩效的影响。根据调节焦点 理论,Jaskiewicz 和 Luchak (2013)解释了为什么家族企业在稳定的环 境中由家族成员担任 CEO 能够取得较好的利润,而在动荡的环境中由 非家族成员担任 CEO 才能取得较好的利润。他们认为,家族成员 CEO 主要关心家族财产和信誉能否得到保护,因而采取预防型焦点。在稳定 的环境中(变化少,可预测性高),采取预防型焦点从而有效避免损失,从 而取得较好的利润。所以,在稳定的环境中,由家族成员担任 CEO 可以 取得较好的利润。然而,在动荡的环境中,变化多且变化快,预防型焦点 的 CEO 并不能取得较好的绩效。由于非家族成员的 CEO 主要关心成 就和获得,实现职业发展,倾向于采取促进型焦点,所以,在动荡的环境 中,由非家族成员担任 CEO 能够取得良好的利润。

（3）调节焦点理论在创业领域的相关研究。

创业者通常处于高度动荡和不确定的环境中。在这种环境中，他们缺乏外部信息和支持以做出有效决策（Johnson et al.，2015）。在一定程度上，这种外部信息和支持的缺乏，使得创业者必须依赖内部资源（比如知识、技能、能力和认知等）去调节自身的行为，从而实现既定创业目标（Cardon et al.，2009）。简而言之，为了能够在这种复杂的环境中生存下去，创业者需要依靠自我调节。在这种情况下，学者们将调节焦点理论引入创业领域，探讨调节焦点对创业行为和过程的影响。基于先有相关文献，本研究从以下几个方面进行归纳。

第一，调节焦点对整个创业过程的影响。这方面研究以构建概念模型为研究方式，很少进行实证研究。Brockner 等（2004）基于调节焦点理论，提出了概念模型来解释创业过程。他们认为，促进型焦点和预防型焦点在不同的过程和阶段会产生不同的影响。比如，在创业初始阶段（如寻找潜在机会），主要任务是产生关于产品和服务的新想法。因此，具有高促进型焦点的创业者能够在这个阶段取得很好的成果，因为他们更加具有创造力，愿意改变，能够想到更多的可能性。而在创业中后阶段（如尽职调查阶段），预防型焦点的创业者则能够取得更好的成果。

第二，调节焦点对创业意向的影响。创业意向作为创业研究中一个重要研究内容，反映了潜在创业者创业活动的准备程度，因而被学者们认为是预测真实创业行为的最好指标（Zhao et al.，2010）。现有文献中，关于调节焦点对创业意向作用的研究结论并不统一。McMullen 和Shepherd（2002）发现，与预防型焦点的个体相比，当感知创业活动带来的收益增加时，促进型焦点的个体具有更高的创业意向。然而，Fitzsimmons 和 Douglas（2011）认为在创业意向形成阶段，主要受预防型焦点影响。因为在这一阶段，个体通常关心如何保护有限资源及避免损失。

第三,调节焦点对创业机会发现的影响。这方面研究分为两个层面。第一个层面是对创业机会数量和质量的影响。Baron(2002)将调节焦点理论应用到创业机会识别中。他认为促进型焦点的个体关注个人成长和理想的实现,关心潜在的收益,因此能够识别较多的创业机会。Tumasjan 和 Braun(2012)发现,与低促进型焦点的创业者相比,高促进型焦点的创业者识别的创业机会更多,且创新度更高。他们还发现,预防型焦点与创业机会识别的关系不显著。第二个层面是对创业机会识别方式的影响。Baron 等(2012)认为,将看似不相关的信息、事件及趋势联系起来,是创业者发现和识别创业机会的重要方式。因此,促进型焦点的创业者倾向于采用这种方式识别创业机会。

综上所述,调节焦点理论在组织行为领域得到了广泛应用。在创业领域,调节焦点理论也得到了越来越多的重视,并取得了重要的研究成果。如何提升新创企业绩效是创业研究中的关键问题,而目前对创业者调节焦点与新创企业绩效关系之间的相关研究还较为缺乏。因此,结合以往的相关研究,本研究将重点考察创业者的调节焦点对新创企业绩效的影响机理,这将对深化调节焦点理论的应用、深入了解新创企业绩效提升机制具有重要意义。

2.2　相关概念综述

2.2.1　新创企业绩效

(1)新创企业界定。

简单来说,新创企业(New venture)是指成立时间相对较短的企业。然而,由于新创企业所处的行业、拥有的资源及采取的战略各不相同,目前学术界并没有对精确的时间范围形成统一标准。总结以往研究,发现学者们主要从两个视角界定新创企业:组织生命周期和企业成立年限。

从组织生命周期的视角,学者们将达到成熟期或者稳定期之前的企业都视为新创企业(Chrisman et al.,1998)。Adizes(1988)提出的组织生命周期"三阶段"(成长阶段、成熟阶段、老化阶段)"九时期"(孕育期、婴儿期、学步期,青春期、盛年期、稳定期,贵族期、官僚化早期、官僚化晚期)理论,把处于盛年期之前的企业都归为新创企业。Kazanjian(1988)提出四阶段理论(概念发展期、商品化期、成长期、稳定期),认为企业在达到稳定期之前是新创企业,而达到稳定期之后则是成熟企业。由此,学者们通常认为新创企业处在组织生命周期前端,并指出新创企业的关键活动聚焦于搜索、识别和开发商业机会,确定商业模式,获取和利用企业运营所需的核心资源等等(Zahra et al.,2000)。

从企业成立年限的视角,学者们往往结合具体研究问题,采用不同的年限界定新创企业。Biggadike(1979)认为新创企业在成熟或者盈利之前,大概需要经历八年时间。因此,他把成立年限在八年之内的企业界定为新创企业。类似地,Weiss(1981)发现新创企业在成立七年之后,开始盈利并进入成熟期。而Kazanjian和Drazin(1990)考虑到企业所处行业的不同,认为新创企业在成熟之前,少则需要三到五年,多则需要八到十二年。由于目前中国国情的不同(如风险投资机制不完善),同时考虑到中国"五年制"中短期发展规划的影响,许多国内学者(如陈俊滢,2015)将成立年限在十年以内的企业界定为新创企业。

(2)新创企业绩效内涵。

新创企业绩效(New venture performance,NVP),作为创业活动的最终结果,是新创企业对目标实现程度的评估(Chrisman et al.,1998)。新创企业绩效是新创企业经营活动的客观结果,也是对经营结果的一种主观评价,同时也是对创业者能力、战略手段及行为的一种主观评判(Hofer and Sandberg,1987;张君立等,2008)。由此,有学者认为新创企业绩效是创业者为实现创业目标,通过一系列经营活动或措施,取得的新创企业生存和成长结果(Cai et al.,2016)。

新创企业绩效的测量是创业研究领域的重要内容之一。在以往研究中,新创企业绩效的测量主要从以下四个方面展开:测量内容、测量形式、测量时间和数据来源。

关于测量内容。首先,新创企业绩效测量层面是组织层面。创业是以组织为载体,创业者创造经济和社会价值的过程。尽管有学者提出,创业绩效不仅包括创业企业获得的企业绩效,同时也包括创业者的个人绩效(如满足感、成就感和个人成长等)(Gimeno et al.,1997)。但是,新创企业作为利益相关各方组成的新组织,其之所以存在,是以持续经营过程中获得组织利益为前提的。可见,组织绩效是获得个人绩效的基础。所以,多数学者认为,新创企业绩效应测量组织层面的新创企业的绩效。其次,新创企业绩效的测量包括获利性和成长性两个维度。新创企业在资产、资源及抗风险性等方面处于弱势,企业运营存在高度不确定性,在短期内不一定能实现获利(Su et al.,2015)。因此,仅仅衡量企业短期财务绩效不足以真实反映新创企业绩效(Wiklund and Shepherd,2005)。而企业的成长性可以很好地弥补这一点,能够代表新创企业的未来发展潜力(Brush and Vanderwerf,1992)。所以,现有研究主要从获利性和成长性两个维度测量新创企业绩效(Covin and Slevin,1991)。

关于测量形式。企业绩效是个相对概念。衡量新创企业绩效时,可以参照行业内竞争对手、先前确定的目标或者之前的绩效等。此外,通常以平均值来衡量新创企业绩效(Cameron,1980)。

关于测量时间。企业绩效是企业在过去一段时间内获取的绩效结果,因此选取恰当的时间节段是有效衡量新创企业绩效的重要前提。截取的时间过长,会造成数据获取上的巨大困难;而截取时间过短,则很难判断影响新创企业绩效的因素。根据现有文献,学者们通常考察在过去五年中新创企业的绩效结果(Ensley et al.,2002)。

关于数据来源。新创企业绩效的数据主要来源于主观评价和客观评价。客观评价通常是指根据企业利润率、销售额、员工增长率等指标来衡量新创企业绩效。但由于这些数据较为敏感,新创企业通常不愿意提供,所以很难从应答企业中得到真实数据。尤其是中国中小企业的财务数据不对外公开,更加大了获取客观绩效数据的难度。为了解决客观数据的可获得性及真实性等问题,学者们广泛采用主观评价的方式来获取新创企业绩效数据。如 Wall 等(2004)采用主观评价方法来测量企业财务绩效的合理性和有效性问题,发现主观评价方法对衡量企业绩效具有良好的聚合效度和辨别效度。因此,在现有创业研究中,当无法通过公开来源获取企业客观财务数据时,普遍采用主观评价的方式衡量新创企业绩效。

(3)新创企业绩效影响因素。

如何提高新创企业绩效一直都是创业研究关注的重点。学者们围绕如何识别新创企业绩效影响因素进行了长期的探索和研究。其中,Sandberg 和 Hofer (1987)构建的概念函数,是早期具有代表性的研究。他们认为,新创企业绩效是创业者(entrepreneur,E)、行业结构(industry structures,IS)和战略(strategy,S)三者作用的结果,并构建了函数 $NVP = f(E, IS, S)$。在 Sandberg 和 Hofer (1987)的研究基础上,Chrisman 等(1998)认为资源(resources,R),组织结构、流程和制度(organizational structure, processes and systems,OS)因素也是影响新创企业绩效的重要因素,因此将原概念函数拓展为 NVP＝f(E,IS,S,R,OS)。对现有相关文献进行回顾,发现后续研究大多从这个概念函数中的某一个或几个视角对新创企业绩效进行研究。因此,本研究将从创业者、行业结构、战略和资源四个视角进行回顾。

创业者视角。新创企业是创业者在组织层面的延伸(Gilbert et al.,2006)。由此,从创业者个人角度研究对新创企业绩效的影响因素一直是学者们关注的重点。研究早期,学者们基于特质决定论,认为创业者个人特质和禀赋的差异,是导致新创企业绩效高低的关键因素。这些创业者个人特质主要包括人口统计变量、大五人格、风险倾向及内控点等因素(Sapienza and Grimm,1997)。然而,由于特质决定论过于强调创业者个人特质的作用,而忽略了资源和外部环境的影响,因此后来逐渐被创业者认知或行为研究取代。就目前主流研究来看,学者们越来越注重创业者认知(Walter and Heinrichs,2015)、先前经验(Baum,2001)及社会网络(Stam and Elfring,2008)等方面的研究。比如,Baum(2001)发现,创业者先前行业经验有利于新创企业绩效的提高。以经济转型期的中国高科技企业为样本,Li 和 Zhang（2007）研究发现创业者的政治网络和运营经验对新创企业绩效的提高及竞争优势的获取具有正向影响。Hmieleski 和 Baron(2009)研究发现,创业者的乐观情绪(属于一种心理认知)和新创企业绩效呈负相关关系,并且先前的创业经历和行业动态性会加强两者之前的负向关系。国内学者也从创业者视角对新创企业绩效的影响因素进行了研究。比如,王秋阳(2006)认为,人是影响新创企业绩效的决定性因素,其中创业者的影响尤为重要。

行业结构视角。由于新创企业处于特定的行业之中,许多学者将行业结构作为研究新创企业绩效的调节变量。行业结构会影响其他因素(如创业者因素、战略因素和资源因素等)对新创企业绩效的影响强度或方向。现有行业结构的研究主要从行业环境因素的角度展开。这些行业环境因素主要包括竞争强度（Baum，2001）、环境动态性（Hmieleski and Baron，2008）和环境敌对性（Zahra et al.，1999）等等。例如，Li（2001）认为，新创企业应该积极主动适应行业环境，使企业战略与外部环境相匹配，从而提升新创企业绩效。

战略视角。大量先前研究从企业战略的角度研究对新创企业绩效的影响因素。这些研究从如何选择合适的企业战略及如何实施企业战略，帮助新创企业摆脱资源匮乏的情境，实现企业竞争型优势等方面展开。比如，Siegel 等（1993）发现采取集中化战略的新创企业，拥有较好的企业绩效。Chandler 和 Hanks（1994）的研究发现，采取质量差异化战略并且有资源支撑这一战略的新创企业，能够获得较高的绩效。Li 和 Atuahene-Gima（2001）以中国新创高新技术企业为研究对象，发现制度和环境动荡性对产品创新战略和新创企业绩效的关系具有调节作用。Stam 和 Elfring（2008）的研究发现，对于具有高桥接联结（bridging ties）和高网络中心度（network centrality）的新创企业，创业导向战略正向影响其企业绩效。

资源视角。资源主要包括新创企业拥有的人力资本、金融资本和外部资源（Gilbert et al.，2006）。它是新创企业生存和成长的必需条件，对新创企业绩效具有重要影响（Arthurs and Busenitz，2006）。关于人力资本的研究，Chandler 和 Hanks（1994）指出，员工通过自身资源帮助创业者实现经营目标，从而促进新创企业的发展。Cardon（2003）认为，相对于成熟企业，新创企业更加需要业务知识精通的高技能员工。通过对已有文献的梳理，Gilbert 等（2006）发现大部分研究都证实了人力资本对新创企业销售额和雇员数量增长的正向作用。关于金融资本，学者们认为金融资本越多，企业战略成功的可能性越大，新创企业绩效提高的可能性及未来发展的潜力也越大。Lee 等(2001)发现,从外部渠道(如银行和风险投资机构)获取金融资本对新创企业绩效的增长具有正向影响。对于外部资源,学者们认为通过构建外部联系,获取外部资源,能够有效提高新创企业绩效。比如,Chrisman 等(2005)发现,在一定程度上,获取企业服务机构顾问的帮助有利于提高新创企业的绩效。

多年来,学术界一直在对新创企业绩效的影响因素进行不断探索,不论是从创业者的视角,还是从行业结构、战略和资源的视角,都取得了丰富的研究成果。在创业者的研究视角方面,近年来学者们呼吁从创业者认知特征出发,研究对新创企业绩效的影响因素。在这种呼吁下,对创业者认知特征对新创企业绩效影响的研究不断增加。本研究顺应这一呼应,基于高阶梯队理论和调节焦点理论,探索创业者调节焦点对新创企业绩效的影响机理,并深入探讨其中的中介机制和调节机制,从而探寻新创企业绩效的有效提升路径。

2.2.2　环境动荡性

外部环境是企业运营过程中面临的重要因素,是存在于企业外部一切物质因素和社会因素的总和(Duncan, 1972)。这些外部环境通常包括来自客户、供应商、竞争者、政府以及工会等方面的因素(Aldrich and Pfeffer, 1976)。由于企业不仅需要适应外部环境,同时还要与外部环境中各要素进行不断交换,因而环境被认为是影响企业行为和绩效的重要因素(Aldrich and Pfeffer, 1976)。关于环境维度的划分,主要包括环境动荡性、环境异质性、环境敌对性、环境容忍度、环境复杂性等方面(Dess and Beard, 1984)。环境动荡性指企业外部环境(技术、市场、产品需求及供应方等)变化及变化不可预测的程度(Dess and Beard, 1984)。

在创业领域，环境一直被认为是创业活动开展的基础，对新创企业具有重要影响（Gartner，1985）。环境动荡性一直都是创业研究的重要部分。比如，Miller（1983）就环境动荡性与新创企业战略决策的直接关系进行了探讨，认为环境动荡性会影响创业战略的有效性，从而影响新创企业的发展进程。Bettis 和 Hitt（1995）认为与成熟企业相比，新创企业往往缺乏足够的技术、知识和资源去适应高速变化的外部环境。因此，环境动荡性越高，意味着技术和市场的变革速度越快，周期越短，顾客的需求变化越快，新创企业所面临的挑战也就越大。

通过对现有文献进行梳理，发现将环境动荡性作为调节变量是已有的主要研究方式。首先，学者们就环境动荡性对新创企业战略、能力与绩效的调节关系进行了研究。例如，Welford 和 Gouldson（1993）研究发现，在环境动荡性较高的情况下，新创企业绩效对战略决策的依赖程度也变高，而在环境动荡性较低的情况下，新创企业绩效和战略决策之间的关系不显著。Lumpkin 和 Dess（2001）研究了环境动荡性对创业导向和企业绩效的调节作用，发现在动荡的环境中，具有前瞻性战略导向的企业能够获得更好的企业绩效。Zahra 和 Bogner（2000）通过对 581 家软件行业的新创企业进行调研，发现环境动荡性对技术战略和新创企业绩效的关系具有显著的调节效应。Jiao 等（2013）以 115 家新创企业为样本，研究表明在高度动荡的环境中，新创企业的动态能力对绩效的影响更加强烈。国内学者张铮（2011）也进行了类似研究，通过对中国新创企业的调研，发现环境动态性对创业导向和新创企业绩效的关系具有调节作用。

其次，近年来，学者们更加关注环境动荡性对高层管理者特征与新创企业绩效关系的调节作用。比如，Ensley 等（2006）通过对 66 家新创企业进行实证研究，结果表明环境动荡性正向调节变革型领导与新创企业绩效的关系，负向调节交易型领导和新创企业绩效的关系。
Hmieleski 和 Ensley(2007)对创业者领导行为、高管团队异质性、环境动荡性和新创企业绩效之间的关系进行了研究，发现在动荡的环境中，高管异质性较高且是直接性领导方式的新创企业取得较好的绩效，或者高管同质性较高且是授权型领导方式的新创企业也会取得较好的绩效。
Hmieleski 和 Baron (2009)研究发现创业者乐观对新创企业绩效具有负向影响，并且环境动荡性会增强这种负向影响。Baron 和 Tang (2011)研究证实，环境动荡性对创业者积极情绪和创造力的关系、创业者创造力和新创企业创新的关系均有调节作用。

综合以往研究发现，环境动荡性是创业研究中需要考虑的重要情境因素，它对创业者行为和新创企业行为的有效性具有重要作用。将环境动荡性纳入本研究的研究框架，探讨环境动荡性在创业者调节焦点对新创企业绩效作用过程中的调节机制，对于完善研究框架，解释创业者、新创企业与环境的互动机理具有重要作用。

2.2.3　商业机会识别

商业机会是创业活动发生的基本前提，也是创业活动中的关键要素。20 世纪 80 年代初期，学者们开始从过程视角研究创业活动，开启了创业过程论的研究，其中有不少学者从机会的角度切入，探讨机会在创业过程中扮演的角色和发挥的作用。随着研究的深入，学者们对机会的认识逐步完善，并将其视为创业活动的本质，也以此来区分创业活动和管理活动的本质差异，机会学派也因此诞生。如前所述，新古典经济学派认为创业活动是一项高风险高回报的经济行为，与其他经济行为相比，创业活动具有更高层次的风险性和不确定性，只有高风险倾向的特定个体才会进行创业相关活动，因此创业活动本质上是无法进行培育和管理的。80年代末期,创业过程论研究重新定义了创业的概念及其边界,并致力于揭示和测量创业活动的特征以及催生创业活动生成的关键因素和行为,商业机会的研究开始逐渐被关注和重视,也使得创业研究成为一个独立的研究领域。换句话说,以商业机会为核心、以价值创造为导向的机会学派的出现和发展,在研究层面将创业研究与传统的管理研究从本质上进行了区分,并将其独立出来,给创业研究带来更本质的研究视角和广阔的研究可能性,具有非常重要的理论价值。

创业是发现和利用商业机会的过程,识别和开发商业机会是创业成功的关键(Shane and Venkataraman,2000)。近年来,对商业机会的识别和开发是创业研究关注的焦点之一。鉴于商业机会识别的重要性,学者们从不同角度对其进行了界定。比如,Churchill 和 Muzyka(1994)认为商业机会识别是一种将所发现的机会转化成具有市场价值的产品和服务的过程。随后,Venkataraman(1997)从生命周期的角度,提出商业机会识别主要发生在企业生命周期的早期,但会贯穿于整个企业生命周期。Lumpkin 和 Lichtenstein(2005)基于过程视角,认为商业机会识别本质上是一种感知到的新想法,也是一种将这种新想法转化成能够为企业增加价值的商业概念和业务的过程。国内学者卢山和徐二明(2006)从商业机会产生的根源的角度,认为商业机会是在社会经济环境变动或者人为的"创造性破坏"的情况下产生的,商业机会识别则是感知和发现这类商业机会并形成商业想法和概念的过程。尽管学者们对商业机会识别的界定各有特点,但其中也包含共同点,比如识别机会,产生新想法,并将这些新想法转化成能够增加企业价值的商业概念或行为(Shane and Venkataraman,2000)。基于这个共同点,本研究认为商业机会识别是企业识别能够为其带来价值的商业想法和概念的行为。

探索商业机会识别影响因素是相关研究关注的重点。通过对现有文献进行梳理，发现学者们主要从创业者特征、组织特征、资源特征和外部环境四个方面进行探索。Zahra 等（2005）基于社会认知理论，提出创业者过分自信、短视和控制点特征均会影响其创业决策和行为，进而影响商业机会识别和开发行为。Siegel 和 Renko（2012）以 42 家生物技术新创企业为研究样本，发现创业者的市场知识和技术知识水平会影响商业机会的识别。Ireland 等（2009）指出，有机式的组织结构（如分权决策、正式化程度低、灵活和信息畅通等）有利于组织的商业机会识别。Homburg 和 Fürst（2005）提出机械式的组织结构（如刚性管理、知识、信息和资源流动不顺畅等）不利于探索性和创新性活动的展开，从而不利于商业机会的识别。Aidis 等（2009）提出成熟企业的社会网络（比如与供应商、竞争者、客户的网络关系）可以为企业带来大量的新技术、新知识和新的市场信息，从而增加了识别商业机会的可能性，进而影响商业机会识别的结果。Li 等（2008）以中国转型经济为背景，研究发现转型经济中的"制度洞"有利于商业机会的产生以及商业机会识别的发生。Tominc 和 Rebernik（2007）认为，社会态度和文化认知等也会对商业机会识别产生重要影响。

在商业机会识别的结果变量研究方面，主要是探讨对企业绩效的影响。但是，相关文献相对较少。究其原因，可能是从企业同时获取商业机会识别和绩效的数据，相对比较困难，因为这方面的研究难以推进。就现有的几篇文献来看，研究者认为商业机会的识别有利于企业绩效的提升。比如，Gruber 等（2008）通过对连续创业者进行研究，发现市场机会集的存在有利于绩效的增加，并且在进入市场之前识别的商业机会数量与新创企业绩效非线性相关、边际效益递减。Gielnik 等（2012）认为，识别出的商业机会创新性有利于企业绩效和企业成长，而商业机会识别的数量与企业绩效和成长的相关性不显著。

综上所述,相对于丰富的商业机会识别前因变量研究,探讨商业机会识别结果的实证研究还比较薄弱。基于调节焦点理论,本研究将探讨商业机会识别对新创企业绩效的影响,特别是深入研究商业机会识别在创业者调节焦点和新创企业绩效之间的中介机制。

2.2.4 社会网络

社会网络(Social network)的概念起源于人类学和社会学。随着研究的深入和学科交融的深化,社会网络理论被应用于生态学、经济学和管理学等各个领域。学者们从不同角度对社会网络进行了界定和分析。Granovette(1974)认为社会网络是人与人之间、组织与组织之间由于交流和接触而产生的一种"纽带"关系,这种关系存在强弱之分。在此基础上,Granovette(1974)又提出"弱关系理论",认为弱关系是获得信息和资源的桥梁。通过将社会网络和资源视角相结合,Lin(1999)提出三大假设,即地位强弱假设(社会地位越高,获取社会资源的机会越多)、弱关系强度假设(社会网络异质性越强,通过弱关系获取社会资源的机会越多)和社会资源效应假设(社会资源越丰富,行为结果越理想)。Burt(1993)提出社会网络结构洞观点,认为存在结构洞的社会网络具有信息优势和控制优势。学者们从各个角度进行了分析,对社会网络也形成一些共识,比如社会网络是网络中行为主体(个体或组织)之间的联结关系,并且这些关系为主体提供获取信息、资源和社会支持的渠道。

创业活动并非在真空中进行,而是嵌入复杂的网络中运行。这一特定的社会网络不仅能够帮助创业者和新创企业获取创业所需的各类资源,通常包括信息、资金及精神情感等方面,还可以识别与开发商业机会,从而有助于新创企业获得生存和发展。近年来,随着各国家和地区创业活动的蓬勃发展,学术界将社会网络的相关理论引入创业领域,形成了独特的研究视角。

　　首先,学者们对创业社会网络的内涵进行了研究。如,基于资源基础观,Coleman(1988)认为社会网络是一种隐形资源,能够为新创企业直接或间接创造价值,从而实现企业的竞争优势。Kim 和 Aldrich(2005)认为社会网络本质上是一种结构,可以反映新创企业获取竞争优势的能力和可能性,并且可以预测新创企业资源流向。Nahapiet 和Ghoshal(1998)从关系结构的角度,提出社会网络反映了新创企业内部之间、内外部之间的疏密程度、交流频率和关系类型等方面。Gulati 等(2005)从竞争视角提出,社会网络能够促进企业间资源互补,避免恶性竞争,从而实现互利共赢。基于中国转型经济背景,Peng 和 Luo(2000)认为,社会网络包括商业网络关系和政府网络关系两方面,其中商业网络关系主要指新创企业与供应商、客户及竞争者等商业伙伴之间的关系,政治网络关系主要指新创企业与各级政府职能部门之间的关系。

　　其次,学者们对社会网络的结果变量进行了探索。在创业领域,这些结果变量主要包括新创企业市场价值、国际化及机会获取等方面。Stuart 等(1999)对生物技术企业的调查研究表明,与名企建立联系能够加快企业上市速度,并且增加市场估值。Atuahene-Gima 和 Murray(2007)以高新技术企业为样本,研究结果表明社会资本对新创企业的探索式学习和利用式学习具有重要影响。Prashantham 和 Dhanaraj(2010)通过一项纵向案例研究,探索了新创企业的初始社会网络和动态社会网络对其国际化增长的影响机理。Li 等(2014)通过对中国 159 家新创企业的调研发现,相对于政府网络关系,商业网络关系对新创企业的机会获取能力作用更强,并且组织学习能力对商业网络关系和机会获取能力具有正向调节作用。Collinson(2000)的研究表明,非正式社会网络有利于技术和专业知识的流动,也有利于资金、原材料以及客户的获取。此外,学者们认为社会网络中蕴含的各种创业所需的资源(比如信息、支持、资金和商业机会等),能够降低信息搜索和交易的成本,降低不确定性和风险,有利于提高新创企业绩效(Calabrese et al.，2000)。比如,Chen 等(2007)的实证研究发现社会网络不仅有利于创业导向战略的实施和组织资源的获取,同时还有利于新创企业绩效的提高。

综合近年的国内外研究发现,学者们不断关注并研究社会网络对企业绩效的重要作用,然而将社会网络作为情境因素,研究社会网络调节作用的研究还有待深入。因此,本研究将社会网络作为重要的调节变量纳入研究框架,深入探讨社会网络在创业者调节焦点、商业机会识别、新创企业绩效之间的调节效应。

2.2.5　探索式学习和利用式学习

随着市场竞争日趋激烈,新创企业如何学习新技术和新知识,已经成为获取竞争优势的关键之一。学者们从不同的理论和视角对组织的创业学习展开了研究。其中,March(1991)从学习方式的角度,提出探索式学习(Explorative learning)和利用式学习(Exploitative learning)两个概念。探索式学习是指组织对外部新知识和新技术进行搜索,通过自身尝试来积累新知识和新技术的一种学习方式(March,1991)。而利用式学习是指组织在已经被证明有效的知识和技术基础上,通过重复学习来改进现有知识和技术的一种学习方式(March,1991)。探索式学习和利用式学习是两种不同的学习方式。从涉及的组织行为来看,探索式学习涉及的行为主要包括"搜索、变化、冒险、试验、尝试、应变、发现、创新"等,而利用式学习则主要包括"提炼、筛选、生产、效率、选择、实施、执行"等(March,1991)。从学习的本质来看,探索式学习是对新知识和新技术的尝试,而利用式学习是对现有知识和技术的改进和提高。从对已有知识的态度来看,探索式学习基本脱离了组织现有的知识结构,而倾向于创造全新的知识领域。利用式学习是在现有知识的基础上进行学习和改造,进而充分利用组织现有的知识。

现有文献中,学者们对影响探索式学习和利用式学习的前因变量进行了研究。这些前因变量主要归为以下三个方面:领导方式、组织结构和企业能力。例如,Jansen 等(2009)通过实证研究发现,变革型领导倾向于采取探索式学习,而交易型领导倾向于采用利用式学习。Beckman (2006)以硅谷的 170 家高新技术企业为样本,研究发现当成员结构多样(即异质性较高)时,组织倾向于进行探索式学习活动,而成员结构单一(即同质性高)时,组织倾向于进行利用式学习活动。Jansen(2005)认为组织的吸收能力对探索式学习和利用式学习具有重要作用。随后,Zhou 和 Wu (2010)以中国 192 家电子通信领域的高新技术企业为研究对象,证实了组织的技术能力对利用式学习具有正向影响,而对探索式学习具有倒"U"形影响。

关于探索式学习和利用式学习的结果变量,学者们也进行了广泛探讨。在对组织绩效的影响上,Lubatkin 等(2006)的实证研究发现,探索式学习和利用式学习均对中小企业绩效的提升具有积极作用。在对企业研发的影响上,Hoang 和 Rothaemel(2010)考察了组织探索式学习和利用式学习对研发绩效的影响。通过对 412 家生物制药企业的研发项目进行调研,发现利用式学习经验对研发项目绩效具有正向影响,而探索式学习经验对研发项目绩效具有负向影响。在对新产品绩效的影响上,Yalcinkaya 等(2007)通过实证分析,发现企业的技术资源会影响探索式学习能力的形成,市场营销资源会影响利用式学习能力的形成,利用式学习能力是探索式学习能力形成的基础,探索式学习对产品创新和市场绩效具有正向作用,而利用式学习对产品创新具有负向作用。

探索式学习和利用式学习受到来自领导、组织和企业的多方面因素的影响，并且对组织绩效和新产品绩效产生重要作用。然而，探索式学习和利用式学习是否受到创业者认知特征的影响，是否在创业者认知特征和企业绩效之间充当中介角色，尚待检验。因此，本研究基于高阶梯队理论，结合先前相关研究，探究新创企业探索式学习和利用式学习在创业者调节焦点和新创企业绩效之间的中介机制。

2.3　本章小结

本章深入分析了本研究的理论基础，梳理了相关的文献和研究。在理论基础部分，重点对高阶梯队理论和调节焦点理论的内涵进行了深入解析，对理论的应用和发展进行了概括，并在此基础上引出了本研究的主要研究问题。在文献综述部分，重点对新创企业绩效、环境动荡性、商业机会识别、社会网络、探索式学习和利用式学习的概念内涵和研究脉络进行了梳理总结。具体来说，在新创企业绩效方面，对新创企业的界定进行了介绍，对新创企业绩效的内涵和测量进行了归纳，对新创企业绩效的影响因素研究进行了总结梳理，为本研究从创业者调节焦点研究与新创企业绩效的关系找准了方向。在环境动荡性方面，总结了环境动荡性的重要情境作用，特别是在创业研究中的重要地位，为本研究阐释环境动荡性在创业者调节焦点和新创企业绩效关系中的调节机理奠定了重要基础。在商业机会识别方面，梳理了商业机会的前因研究，讨论了商业机会识别对于新创企业的重要影响，为本研究探讨创业者调节焦点和新创企业绩效之间的另一重要中介机制提供了思路。在社会网络方面，阐述了社会网络的内涵，梳理了社会网络在创业领域的相关研究，为本研究系统阐释社会网络的调节机制提供了基础。在探索式学习和利用式学习方面,梳理了领导方式对两者的影响研究,并讨论了两者与企业绩效关系的研究成果,为本研究探讨两者在创业者调节焦点与新创企业绩效之间的中介机制奠定了基础。因此,本章不仅明确了相关理论和概念的发展历史和现状,更为本研究提供了理论的切入点,为后续章节的开展做了铺垫。

第3章 理论模型与研究假设

3.1 创业者调节焦点、环境动荡性
与新创企业绩效的关系分析

3.1.1 创业者调节焦点与新创企业绩效

根据高阶梯队理论及相关研究,在企业决策制定或是目标设定过程中,创业者通常基于自身认知,将个人想法融入其中(Finkelstein and Hambrick,1996;Hambrick and Mason,1984;House and Aditya,1997)。创业者通过影响企业的决策过程,影响其战略、目标和文化等各个方面,进而影响企业的最终运营绩效和结果(Miller and Dröge,1986;Schneider,1987)。与成熟企业相比,新创企业往往在资源稀缺(Townsend et al.,2010)及"新进入陷阱"(Ensley et al.,2002)等问题上面临更大挑战。此外,新创企业处于高度不确定和具有风险的环境中,使得创业者对新创企业的生存和发展的作用更加重要(Boone et al.,2000;Giberson et al.,2005)。

在先前的研究基础上,本研究认为创业者促进型焦点有利于新创企业绩效的提高。

首先,促进型焦点的创业者倾向于采取增长型企业战略,从而有利

于新创企业绩效的提高。具体来说,促进型焦点的创业者通常追求积极结果,关注成长、发展及目标实现(Higgins,1998)。促进型焦点的创业者擅长发现发展机会,积极寻求外部合作,建立外部联盟关系,以及获取各种新创企业所需资源(Chen et al.,2016)。这些活动作为增长型战略的重要内容,不仅有利于新创企业解决资源匮乏和突破"新进入陷阱"等问题,使得新创企业规模扩头,也有利于新创企业绩效的提高(Puranam and Vanneste,2016)。

其次,促进型焦点的创业者注重构建企业创新能力和增加企业创新产出,有利于新创企业的生存和发展。调节焦点理论指出,促进型焦点的个体更加关注"击中"(Crowe and Higgins,1997)。在新创企业运营过程中,促进型焦点的创业者通常提供较多的创新选择和方案,确保这些选择和方案中能够有一个可以成功实施(Brockner et al.,2004)。同时,促进型焦点的创业者往往更加具有创造性,并且愿意采取新方法,开发新产品,开拓新产品线。可见,具有促进型焦点的创业者不仅能够产生更多的创新性想法,也能够将这些创新性想法贯彻实施(Chen et al.,2017)。因此,促进型焦点的创业者通过产生较多的创新想法,促进新创企业创新成果产出(如新产品及新产品线),从而提高新创企业创新绩效,最终实现新创企业绩效的增长(Brockner et al.,2004)。

最后,促进型焦点的创业者能够提出更多的发展策略,以实现新创企业绩效的提高。具有促进型焦点的个体通常关注目标实现和积极结果的获得(Higgins,1998)。这一特点,使得促进型焦点的创业者致力于寻找实现企业成功目标的新方法和新策略。具体来说,促进型焦点的创业者具有较强的目标实现动机,因而往往搜寻到更多的新机会、产生更多的新策略,来提高新创企业绩效,从而实现创业成功(Brockner et al.,2004)。此外,促进型焦点的创业者通常采用"接近型策略",避免错过可能实现目标的机会（Higgins，1998）。即便是新策略获得成功的可能性不是特别大，促进型焦点的创业者一般还是给予考虑。因此，促进型焦点的创业者致力于寻找能够实现绩效提升的各种发展策略，即使这些策略不一定都能够取得成功，他们仍然会不断试错改正，最终实现新创企业的发展（Roundy et al.，2016）。因此，得出假设1-1。

假设1-1：创业者促进型焦点正向影响新创企业绩效。

同样地，本研究认为创业者预防焦点也能够促进新创企业绩效的提高。首先，预防型焦点的创业者能够减少失误，促进新创企业稳定发展，最终实现新创企业绩效的提高。预防型焦点的个体通常关注错误和损失的避免，采取规避型行为策略（Higgins，1998）。在新创企业运营过程中，预防型焦点的创业者具有高度"避免损失"动机，因而倾向于认真谨慎地评估新想法、新方法和新策略的可行性（Herman and Reiter-Palmon，2011）。这种做法，一方面能够减少某些新策略由于不适合而可能给新创企业带来的损失；另一方面，还能够确保员工更好地执行新策略，减少新创企业财务波动，以及实现新创企业绩效的稳步提高（Beudeker，2015）。

其次，预防型焦点的创业者能够很好地执行既定的企业战略，保障新创企业稳步发展。预防型焦点个体重视职责和义务，坚持"应该自我"（Higgins，1998）。对于既定的新创企业战略，预防型焦点的创业者不仅监督自己严格执行，同时也会加强对员工工作过程的管理，确保既定战略能够得到很好的贯彻和实施（Beudeker et al.，2014）。同时，预防型焦点的创业者具有较强的稳定动机，关注新创企业的安全，要求员工遵守规则规定（Lanaj et al.，2012）。研究指出，员工正确执行关键的组织任务，执行企业既定战略，有利于加强组织绩效（Judge et al.，2004）。因此，预防型焦点的创业者能够促进新创企业绩效的提高。

最后，预防型焦点的创业者倾向于坚持和执行先前成功的运营经验或策略,从而实现新创企业绩效的提高。与促进型焦点个体相比,预防型焦点个体虽然不擅长发现新策略,但是能够坚持先前有效的策略(Higgins,1998)。因此,对于已经证明对新创企业生存和发展有效,且可能对新创企业后续发展继续产生良好效果的策略,预防型焦点的创业者通常会继续坚持(Wallace et al.,2010)。并且,预防型焦点的创业者可能会做进一步的强化,继续投入资源,谨慎执行这些行之有效的企业策略(Wallace et al.,2010)。所以,通过继续坚持先前有益的经验和策略,预防型焦点的创业者能够保障新创企业资金流的稳定和安全,避免潜在的错误和损失,进而促进新创企业绩效的提高。基于以上推理和分析,得出假设 1-2。

假设 1-2:创业者预防型焦点正向影响新创企业绩效。

3.1.2　环境动荡性的调节作用

环境动荡性作为行业环境的关键特征,一直都是战略研究关注的焦点之一(Dess and Beard 1984;Henderson et al.,2006)。在高阶梯队理论的相关研究中,许多学者也都强调环境动荡性对组织行为的重要影响(Henderson et al.,2006)。低环境动荡性意味着市场和技术的变化较慢,相对稳定;而高环境动荡性意味着市场和技术变化较快,不稳定因素较多,战略决策的不确定性较高。可见,在高度动荡的环境中,企业为了生存,需要快速应对不可预见的技术和市场变化,因此决策过程随之变得更加复杂(Barr et al.,1992)。Eisenhardt(1989)指出,与在稳定的环境相比,管理者在动荡的环境中,需要处理更多的信息,提供更多的可选择性。此外,在高度动荡的环境中,管理者感知到组织运营失败的风险增加(Hambrick and Finkelstein,1987)。现有文献进一步指出,环境动荡性对领导与企业绩效的关系具有调节作用。比如,Waldman 等

(2001)发现,在动荡的环境中,魅力型领导对财务绩效具有正向影响,而在稳定的环境中,魅力型领导对财务绩效具有负向影响。尽管现有文献对环境动荡性在领导风格和企业战略(或绩效)中的调节作用进行了研究,但是环境动荡性如何调节创业者认知(如调节焦点)和企业绩效关系的机理仍不清晰。因此,聚焦于新创企业情境,本研究将深入探讨环境动荡性对创业者调节焦点和新创企业绩效关系的调节效应。

基于调节焦点理论,Higgins(2000)提出当个体采用的调节焦点与特定环境相匹配时,会产生一种"正确感"体验,这种体验也被称为调节匹配。Cable 和 Parsons(2001)进一步提出,当个体调节焦点与所处商业环境相匹配时,也会产生"正确感"体验,进而带来更高的绩效结果。比如,Greiner 等(2003)认为,为了获得竞争优势,CEO 的行动导向应该与机会结构相匹配。在本研究中,调节匹配是指创业者调节焦点和环境动荡性之间的匹配。因此,就调节焦点而言,促进型焦点和预防型焦点在不同的环境中会呈现出不同的作用效果。将调节匹配理论与环境动荡性研究相结合,本研究认为促进型焦点与动荡的环境相匹配,即促进型焦点对绩效的正向影响在动荡的环境中更加显著。而预防型焦点与动荡的环境不匹配,即预防型焦点对绩效的正向影响在动荡的环境中被削弱。

具体来说,在动荡性较高的环境中,管理活动的边界随之扩大。这种环境为促进型焦点的创业者提供了施展空间,使得他们能够去追求"实现"和"理想",从而获得回报和收益,因此这种环境与促进型焦点的创业者相匹配。同时,与预防型焦点的创业者相比,促进型焦点的创业者在动荡性较高的环境中,能够提出更多的运营方案。促进型焦点的创业者愿意改变和快速适应的特点,使得他们能够将这些运营方案改变得更加具有创造性,进而通过资源(如认知、情感和资金等资源)的合理分配,最终推动新创企业的发展。如 Liberman 等(1999)在研究中所述,促进型焦点的个体通过发现新方法,产生创新行为和活动,进而提高绩效。Burke 等(2006)进一步指出,在动荡的环境中,创新和快速适应是提高组织绩效的两个关键部分。因此,环境动荡性越高,创业者促进型焦点对新创企业绩效的正向影响越强。

在动荡性较高的环境中,市场和技术的变化较快,不确定性和风险也随之增加。预防型焦点的创业者追求新创企业的稳定和安全,倾向于做出详密周全的决策,采取规避型的运营策略,因而预防型焦点创业者与动荡性较高的环境不匹配。预防型焦点的创业者通常关注稳定性,具有较强的警惕心,因而普遍缺乏创新,拒绝改变。这使得预防型创业者在动荡的环境中,更加缺乏创新性运营思路和策略。此外,在动荡性较高的环境中,创业者必须更加快速地做出决策,才能使新创企业获得生存与发展。然而,预防型焦点的创业者注重信息和计划的详尽性,导致决策时间较长,决策速度较慢,这将进一步导致企业战略行动停滞甚至实施滞后,最终对新创企业绩效产生不利影响。因此,环境动荡性越高,创业者预防型焦点对新创企业绩效的正向影响越弱。综上所述,提出假设 1-3 和假设 1-4。

假设 1-3:环境动荡性正向调节创业者促进型焦点与新创企业绩效的关系。环境动荡性越高,创业者促进型焦点与新创企业绩效的正向关系就越强,反之越弱。

假设 1-4:环境动荡性负向调节创业者预防型焦点与新创企业绩效的关系。环境动荡性越高,创业者预防型焦点与新创企业绩效的正向关系就越弱,反之越强。

3.1.3 创业者促进型焦点、预防型焦点、环境动荡性的三阶 交互作用

调节焦点理论认为，促进型焦点和预防型焦点相互独立（Forster et al.，2003），个体可以同时具有高促进型焦点和高预防型焦点，也可以同时具有低促进型焦点和低预防型焦点（Lanaj et al.，2012）。例如，当个体同时具有高促进型焦点和高预防型焦点时，其不仅关心正面的结果和理想的实现，也关心负面的信息以及避免可能的损失。然而，现有文献大多只考虑了单个促进型焦点或者预防型焦点对结果变量的影响，而考察两者交互效应的研究相对较少。于是，学者呼吁未来研究应进一步考察促进型焦点和预防型焦点的交互作用（如 Johnson and Yang，2010）。鉴于此，本研究将考察创业者促进型焦点、预防型焦点与环境动荡性三者的交互作用对新创企业绩效的影响。

兼具高促进型焦点和高预防型焦点的创业者能够取得更优的新创企业绩效。如上所述，促进型焦点的个体通常展现出较强的创造力，预防型焦点的个体则更多地表现出谨慎保守。创业者在新创企业运营过程中，常常面临一系列困难和挑战。在面对这些困难和挑战时，促进型焦点促使创业者提出较多的创造性解决方案，并且对这些创造性方案进行逐个尝试，直到困难被解决。但由于新创企业自身的缺陷，因而没有足够的资金、人力资源和时间逐个尝试。所以，对解决方案进行审视和优化，确保一旦实施便能够为新创企业带来收益，尤为重要。预防型焦点促使创业者规避潜在的损失，因而在解决方案的审查和实施方面尤其谨慎。在这种情况下，预防型焦点使得创业者可以更好地审查和实施解决，确保新创企业潜在损失降到最低，潜在收益达到最高。因此，当创业者同时具备高促进型焦点和高预防型焦点时，能够更有效地解决新创企

业运营中出现的各种问题,进而实现更高水平的企业绩效。

　　同时具有高促进型焦点和高预防型焦点的创业者,在动荡的环境中能够更好地适应快速变化、抓住机会以及利用机会,从而有利于新创企业绩效的提升。高度动荡的环境意味着市场、技术和供应商等方面的不确定性增加,新创企业面临更大的竞争压力和经营风险。在这种环境下,与单独促进型焦点或者预防型焦点的创业者相比,同时具备促进型焦点和预防型焦点的创业者不仅能够快速适应高度变化的经营情境,提出更多创造性的市场或技术应对方案,还能够谨慎考量应对方案,保障方案的有效性,进而使新创企业在这种动荡的经营环境中得以生存和发展。此外,在动荡的环境中,大量信息涌入,创业者面临更加复杂的决策环境,快速有效地做出战略判断和决策尤其重要。在这种情境中,针对快速更迭的技术和市场信息,兼具促进型焦点和预防型焦点的创业者不仅能够快速做出战略决策,同时能够确保战略决策的科学性和有效性,进而使得新创企业获取竞争优势。因此,在环境动荡性较高的情形下,兼具高促进型焦点和高预防型焦点的创业者对新创企业绩效的正向作用更加显著(如图 3.1 所示)。基于此,提出假设 1-5。

　　假设 1-5:创业者促进型焦点、预防型焦点和环境动荡性交互影响新创企业绩效。创业者促进型焦点、预防型焦点和环境动荡性越高,新创

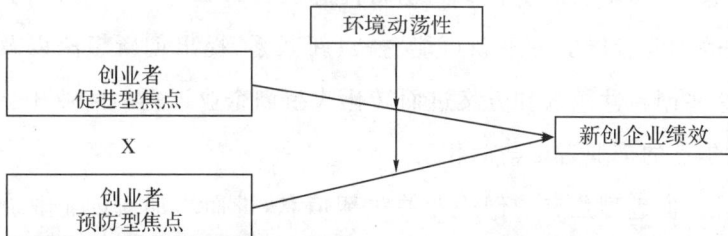

图 3.1　创业者调节焦点对新创企业绩效影响机理模型

企业绩效越高。

3.2 商业机会识别的中介效应
及社会网络的调节效应分析

3.2.1 创业者调节焦点与商业机会识别

根据高阶梯队理论和调节焦点理论的观点,本研究认为创业者促进型焦点有利于新创企业商业机会识别,而预防型焦点不利于新创企业的商业机会识别。

首先,促进型焦点的创业者成功识别商业机会的可能性更大。先前心理学相关研究发现,促进型焦点的个体比预防型焦点的个体具有更强的创新性和创造性(Crowe and Higgins,1997)。以这些研究结论为基础,Brockner 等(2004)提出有潜力及开发价值的商业想法来源于创业者前瞻性的视野,并且,促进型焦点的创业者而非预防型焦点的创业者才可能具备这种前瞻性的视野。所以,促进型焦点的创业者为了确保"击中",倾向于表现为开放式的心态,从而产生较多的创新性想法。相反地,预防型焦点的创业者为了避免犯错,确保不出现"虚假",倾向于表现为保守式心态,从而产生较少的创新性想法(Baron,2007)。因此,促进型焦点的创业者能够发现新可能,搭建新联系,提出创新想法以及创新方案,这些创新性想法和方案进而转化成新创企业识别的商业机会。而预防型焦点的创业者则与此相反。

其次,促进型焦点的创业者关注新信息,进而增加新创企业商业机会识别的可能性。已有文献指出(如 Liberman et al.,1999),促进型焦点促使个体致力于"击中",抓住出现的任何机会,避免错失机会,因而促进型焦点的个体关注身边的各种信息,并且对新信息和正面的信息尤其敏感。相反地,预防型焦点促使个体致力于避免差错,从而使得预防型焦点的个体对待身边的信息特别谨慎,并且关注负面信息。因此,促进型焦点的创业者擅长全面审视信息流,挖掘信息流中有价值的部分,进而发现具有潜力的商业机会,最终促使新创企业识别出较多的商业机会。而预防型焦点的创业者通常不愿意花费时间和精力去研究新信息,从而忽略了许多有价值的商业信号和机会,最终使得新创企业识别出较少的商业机会(Tumasjan and Braun,2012)。

此外,促进型焦点的创业者具有较强的坚韧性,促使新创企业在商业机会识别过程中能够坚持不懈。Crowe 和 Higgins(1997)发现,在出现许多困难和阻碍的情况下,促进型焦点的个体仍然能够坚持下去,继续执行认知任务。而预防型焦点的个体,在面临新任务或者风险较高的任务时,通常表现出较高的放弃倾向(Markman and Baron,2003)。可见,在商业机会识别这个充满挑战和风险的过程中,促进型焦点促使创业者坚持,而预防型焦点促使创业者放弃。因此,促进型焦点的创业者往往能够坚持发现新的商业机会,并促使新创企业识别更多的商业机会,而预防型焦点的创业者往往不愿意涉及新的商业机会,从而使得新创企业识别的商业机会相对较少。

最后,促进型焦点的创业者常常采取逆向思维方式,这种思维方式有利于识别商业机会。已有研究发现(Crowe and Higgins,1997;Friedman and Förster,2005),促进型焦点的个体具有较强的创造性,具有开放的心态和活跃的思维方式,从而可以产生较多的创新性想法。预防型焦点的个体则坚持原有的解决方案以避免新方案带来的潜在风险,产生较少的创新性想法。Roese(1999)进一步研究发现,与预防型焦点的个体相比,促进型焦点的个体擅长采用逆向思维方式,产生更多的新想法。因此,与预防型焦点的创业者不同,促进型焦点的创业者通常采用逆向思维方式,有利于建立新的联系,发现更多的机会,最终促使新创企业识别更多的商业机会。由此,提出假设 2-1 和假设 2-2。

假设 2-1:创业者促进型焦点正向影响商业机会识别。

假设 2-2:创业者预防型焦点负向影响商业机会识别。

3.2.2　商业机会识别与新创企业绩效

新创企业通过商业机会识别行为可以提高企业绩效。从定义来看,商业机会识别通常表现为新技术、新组织管理方式、新产品或者新服务的引入,能够增加原有产品或服务的价值,可以为客户创造新的价值,进而带来较高的潜在收益。因此,新创企业通过商业机会识别,能够实现产品或服务以高于成本的价格进行销售(Shane and Venkataraman,2000),从而带来较高利润。同时,商业机会识别的过程一般也是满足之前未被发掘的市场需要的过程(Shane and Venkataraman,2000)。所以,新创企业通过商业机会识别能够满足顾客和市场需求,从而实现绩效的提高(Chandler et al.,1994)。

商业机会识别能够促使新创企业技术创新。新创企业的商业机会识别过程,往往伴随着新技术、新流程和新产品的开发(Thornhill,2006)。这种新技术(比如新颖的技术应用方式)通过市场引入,不仅可以使得新创企业快速获取技术领先优势(Gedajlovic et al.,2012),也可以帮助新创企业建立良好的品牌识别度(Zahra and Bogner,2000)。并且,由于新创企业在资源方面具有先天缺陷,没有足够的资源进行生产扩张,因而无法与成熟企业在价格和生产成本上进行抗衡。因此,新创企业通过商业机会识别的方式实现技术创新,能够有效促进经营绩效的提高。

商业机会识别能够推动新创企业挖掘新的市场需求。商业机会识

别的过程,也是探索新市场、挖掘新客户群体和客户需求的过程
(Heidenreich,2009)。商业机会识别能够帮助新创企业深刻了解客户
目前和未来需求的特点和变化,并促使新创企业在此基础上开发新产品
或服务来更好地满足市场需求。有研究指出(如 Grimpe and Sofka,
2009),深入挖掘顾客和市场新需求,与顾客建立良好的关系是实现企业
生存和发展的重要方面。可见,新创企业通过商业机会识别行为,能够
有效挖掘顾客和市场需求,从而实现新创企业竞争优势。由此,提出假
设 2-3。

　　假设 2-3:商业机会识别正向影响新创企业绩效。

3.2.3　商业机会识别的中介效应

　　高阶梯队理论认为,高层领导者的认知在企业运营中发挥着重要作
用(Cho and Hambrick,2006)。企业行为是高层管理者通过自身认知
机制对经营环境进行解读和判读,进而做出的决策结果。而高层管理者
的认知转化为企业行为,其中包含着复杂的过程和机制(Daft and
Weick,1984)。同样地,创业研究指出,创业者的个人特征通过影响其
他因素,进而作用于绩效结果(Herron and Robinson,1993)。Baum
(2001)进一步指出,商业机会识别是创业者个人特征作用于企业绩效的
一个重要机制。

　　现有文献中,有学者对创业者特征和商业机会识别的关系进行了阐
述。比如,Park(2005)认为在高新技术新创企业中,创业者的管理能力
和技术能力对商业机会识别具有重要作用。Ardichvili 等(2003)发现创
业者先前的市场知识有利于商业机会的识别,进而有利于新创企业绩效
的提升。同时,有学者对商业机会识别对新创企业绩效的关系也进行了
研究。Chandler 和 Jansen(1992)通过对 134 家新创企业进行调研,发

现商业机会识别和新创企业绩效正相关。尽管学者们理论上认为商业机会识别是创业者特征和新创企业绩效之间的一个重要中介机制,然而现有文献实证研究较少探索商业机会识别的中介作用。

鉴于此,本研究基于高阶梯队理论和相关创业研究提出,创业者调节焦点通过商业机会识别影响新创企业绩效。换句话说,整合假设 2-1、假设 2-2 和假设 2-3,本研究认为新创企业的商业机会识别会对创业者促进型焦点和预防型焦点对绩效的关系具有中介作用。具体来说,促进型焦点的创业者促使企业识别更多的商业机会,从而获得较好的新创企业绩效。而预防型焦点的创业者识别的商业机会较少,从而不利于新创企业绩效的提高。由此,提出假设 2-4 和假设 2-5。

假设 2-4:商业机会识别对创业者促进型焦点和新创企业绩效的关系具有中介作用。

假设 2-5:商业机会识别对创业者预防型焦点和新创企业绩效的关系具有中介作用。

3.2.4 社会网络对创业者调节焦点和商业机会识别关系的调节效应

商业机会识别是创业者获取、解读和处理信息,并将其转化为具有商业价值的想法或产品的过程(Shane and Venkataraman,2000)。作为信息的重要来源,社会网络在商业机会识别过程中扮演十分重要的角色。社会网络代表了行为主体在各种不同的社会结构中获得的利益总和,本质上反映了根植于社会关系的网络资源优势(Burt,1993)。社会网络嵌入各种社会结构中,能够为创业者和新创企业带来真实和潜在的资源,有助于创业者行为和新创企业行动的开展(Adler and Kwon,2002)。具体来说,社会网络作为创业者和新创企业与外部信息交流的重要渠道,能够为创业者提供关键的信息和资源,而这些信息资源往往是决定商业机会识别的关键因素。因此,社会网络作为信息和资源的重要来源,影响新创企业获取信息和资源的数量和质量,从而对商业机会识别过程产生重要作用。

本研究认为,社会网络可以增强创业者促进型焦点与商业机会识别之间的关系。研究表明,社会网络越丰富,获取的信息越多,搜集到有关竞争者与上下游企业的新战略信息越多(Powell et al.,1996)。并且,社会网络越丰富,新创企业获取有价值的资源的途径也越多(Tsai,2001)。商业机会识别和开发需要创业者对各种信息进行解读和分析,同时承担相应的潜在的风险和不确定性(Wiklund and Shepherd,2005)。对于促进型焦点的创业者而言,他们虽然可以在一定程度上容忍不确定性,但潜在风险依然会影响商业机会的识别。而丰富的社会网络可以降低潜在的风险和不确定性,帮助促进型焦点的创业者迅速获取有价值的信息和资源,识别更多的商业机会。

此外,社会网络丰富的新创企业通常在行业内享有一定地位和影响力,并且容易获得各方(比如供应商、顾客及投资人)提供的资源(Stuart et al.,1999)。如 Podolny(2001)在研究中提出,社会网络反映了新创企业在与外部资源交换中的地位和可靠性。与社会网络匮乏的新创企业相比,社会网络丰富的新创企业具有较强的可信赖性和较高的资质,因而更容易获得外部资源支持(Aldrich and Fiol,1994)。对于促进型焦点的创业者来说,能够得到较多的外部资源和支持,可以帮助他们去寻找新市场、新产品、新技术和新客户,进而帮助新创企业识别更多的商业机会。由此,提出假设 2-6。

假设 2-6:社会网络正向调节促进型焦点与商业机会识别的关系。社会网络越强,创业者促进型焦点与商业机会识别的正向关系越强,反之越弱。

类似地,社会网络作为获取信息和资源的重要渠道,有助于预防型焦点的创业者进行新创企业的商业机会识别活动。丰富的社会网络,能够帮助创业者见识到各种新观点、新想法和新方法,促使新创企业产生新技术和新产品(Hargadon,2002)。此外,社会网络不仅可以帮助创业者获取最新的外部信息,还可以促使新创企业开展各种创新性活动(Teece,1986)。因此,对于预防型焦点的创业者来说,社会网络可以有效弥补他们创新性不足的弱点,使他们愿意让新创企业尝试新的工作方式,使用新技术,开发新产品(Low and Abrahamson,1997)。同时,社会网络还可以帮助预防型焦点的创业者识别市场中的关键信息,判断市场走势,从而发现新的商业机会(Stam and Elfring,2008)。

此外,社会网络影响获取关键信息和资源的可获得性和价值度。社会网络规模越大,新创企业能够接触到的客户、供应商、竞争对手以及政府机构就越多,获取有价值信息和资源的概率也越大(Starr and MacMillan,1990)。社会网络越丰富,新创企业接触到的信息和资源渠道越多,获取到的有关技术、产品和市场方面的关键信息越精准(Stuart et al.,1999)。对于预防型焦点的个体而言,信息冗余和不确定性是影响他们决策和行为的关键因素。而丰富的社会网络可以帮助他们过滤无用信息,降低决策的不确定性和风险程度(Hargadon,2002)。因此,社会网络越丰富,预防型焦点的创业者越愿意利用获得的信息和资源,参与新技术、新产品和新市场的开发,进而使得新创企业识别新的商业机会。由此,提出假设 2-7。

假设 2-7:社会网络负向调节预防型焦点与商业机会识别的关系。社会网络越强,创业者预防型焦点与商业机会识别的负向关系越弱,反之越强。

3.2.5　社会网络对商业机会识别和新创企业绩效关系的调节效应

对于新创企业而言,社会网络越丰富,商业机会识别对其绩效的影响越强。在社会网络规模较大的情况下,新创企业可以借助社会网络,扩大技术和知识储量,增强鉴别、整合和运用这些技术和知识的能力(Cohen and Levinthal, 1990)。社会网络质量较优时,新创企业能够吸引更多的外部合作伙伴,从而增强获取外部资源和支持的能力(Stam and Elfring, 2008)。在社会网络规模较大的情况下,新创企业能够接触到大量、关键的行业技术信息,从而深化现有知识体系,并且能够增强吸收和运用新知识的能力。此外,社会网络水平越丰富,新创企业识别市场中不对称信息的能力越强,将看似不相关的事物进行创新性结合的能力也越强(Burt, 2000; Hargadon, 2002)。因此,在社会网络规模较大、质量较优的情况下,新创企业能够获取优质的信息和外部的资源支持,对识别的商业机会进行有效开发,从而为客户和市场提供更有价值的新产品或新服务,进而取得更高的经营绩效。由此,提出假设 2-8。

假设 2-8:社会网络正向调节商业机会识别和新创企业绩效的关系。社会网络水平越强,商业机会识别与新创企业绩效的正向关系越强,反之越弱。

3.2.6　有调节的中介效应

以上论述中,存在以下假定:(1)商业机会识别在创业者调节焦点和新创企业之间起着中介作用;(2)社会网络会调节创业者调节焦点对商业机会识别的影响(调节第一阶段的影响),也会调节商业机会识别对新创企业绩效的影响(调节第二阶段的影响)。但是,这些假定并没有将创业者调节焦点、社会网络、商业机会识别和新创企业绩效纳入同一假设进行考虑。因此,根据以上假设,本研究进一步地推论,新创企业社会网络水平越丰富,创业者促进型焦点通过商业机会识别对新创企业绩效产生的正面效应(间接效应)就越强[①]。创业者社会网络水平越强,创业者预防型焦点通过商业机会识别对新创企业绩效的负面效应就越弱。由此,提出假设 2-9 和假设 2-10。如图 3.2 所示。

假设 2-9:社会网络水平越强,商业机会识别在促进型焦点和新创企业绩效间所起的中介效应就越强。

假设 2-10:社会网络水平越强,商业机会识别在预防型焦点和新创企业绩效间所起的中介效应就越强。

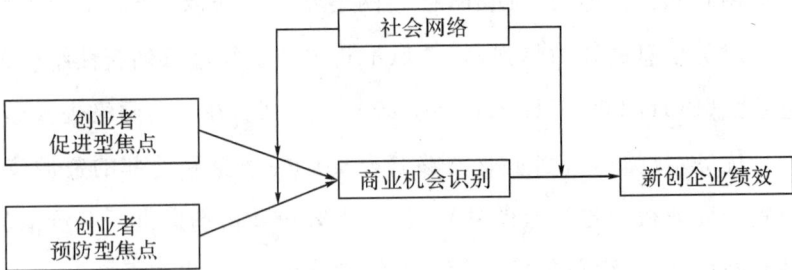

图 3.2　商业机会识别的中介效应及社会网络的调节效应

---

① 间接效应为第一阶段影响系数和第二阶段影响系数的乘积。

3.3　探索式学习和利用式学习的中介效应分析

3.3.1　创业者促进型焦点与探索式、利用式学习

基于调节焦点理论和探索式、利用式学习的相关研究,本研究认为创业者促进型焦点对新创企业探索式学习和利用式学习均有积极的促进作用。通常情况下,促进型焦点的创业者追求收益最大化,致力于增加就业人数,扩大新创企业规模,并且通过各项活动不断地赚取利润(Brockner et al.，2004)。具体来说,促进型焦点的个体关注“获得”,会尽最大能力实现目标。于是,促进型焦点的创业者通常会尽自身最大努力来实现目标,比如增强新创企业的竞争优势,获得更高的市场地位。不仅如此,促进型焦点的创业者还通过“击中”来实现目标。这些“击中”包括但不仅限于:吸引新客户,开发新产品,增强新创企业声誉以及提高新创企业财务绩效。同时,创业者常常引导新创企业通过参与探索式学习和利用式学习活动来实现目标(Raisch and Birkinshaw，2008)。比如,通过探索式学习活动(如搜寻新商业机会),可以带来新产品的开发或者客户池的扩充。同时,已有研究表明,高促进型焦点的个体往往更加愿意放弃固有方式,尝试新的方式方法(Liberman et al.，1999)。因此,与低促进型焦点的创业者相比,高促进型焦点的创业者具有更强的动机去参与探索式学习活动。

此外,促进型焦点的个体具有较强的创新性和创造力(Friedman and Förster，2001),他们能够产生较多的创新性想法和非常规的工作方法(Crowe and Higgins，1997)。如前文所述,新创企业的探索式学习活动涉及新机会的识别和开发,而且这些新机会往往存在于现有商业模

式之外(Raisch and Birkinshaw,2008)。可见,探索式学习活动需要运用新的、非常规的方法来利用和开发知识和技术(Raisch et al.,2009)。因此,从这个角度来说,相对于低促进型焦点的创业者,高促进型焦点的创业者可以产生更多的新想法,进而使得新创企业参与更多的探索式学习活动。鉴于此,提出假设 3-1。

假设 3-1:创业者促进型焦点正向影响探索式学习。

通过梳理已有文献,本研究认为高促进型焦点的创业者不仅能够促进新创企业探索式学习活动的增加,也能够促进利用式学习活动的增加。由于探索式学习活动所带来的未来收益具有不确定性,因此学者们一直都强调探索式学习本质上的不确定性(Kline and Rosenberg,1986)。事实上,探索式学习确实存在失败的可能(Cooper and Park,2008)。所以,仅仅依赖探索式学习可能会导致新创企业在一个长期的过程中,缺少"击中"。高促进型焦点的创业者对"击中"较为敏感,因此他们会在这个长期过程中经历一种负面的情绪(Idson et al.,2000)。在这种情况下,高促进型焦点的创业者通常会采取措施避免这种负面情绪的产生。因此,高促进型焦点的创业者也会不断地促使新创企业参与利用式学习活动。比如,为了确保短期可预见的"击中",高促进型焦点的创业者会通过提高产品或服务质量和加强流程管理等利用式学习活动,增加客户满意度以及减少生产成本,最终获取更高的利润(Gibson and Birkinshaw,2004)。换句话说,新创企业参与利用式学习活动不仅能够帮助创业者实现可预见且持续不断的"击中",还可以帮助创业者实现"收益最大化"的目标。基于此,提出假设 3-2。

假设 3-2:创业者促进型焦点正向影响利用式学习。

3.3.2 创业者预防型焦点与探索式、利用式学习

相对地,与低预防型焦点的创业者相比,高预防型焦点的创业者通

常引导新创企业参与较少的探索式学习活动,较多的利用式学习活动。具体来说,高预防型焦点的个体追求"损失最小化",确保"安全"和稳定(Brendl and Higgins,1996)。在创业情境中,"损失最小化"一般是指满足股东、客户或者董事会规定的基本职责和义务。因此,与高促进型焦点创业者尽最大努力和尝试提升新创企业市场地位不同,高预防型焦点的创业者往往在满足利益各方基本要求以及自身安全和职责需求,并确保损失最小的情况下,来提升新创企业的市场地位。

如前文所述,探索式学习结果具有不确定性,搜寻商业机会的过程往往伴随失败(Cooper and Park,2008),所以新创企业参与搜寻商业机会等探索式学习时需要容忍较高的失败率(Anderson and Tushman,1990)。高预防型焦点的个体对失败比较敏感,并且致力于避免失败(Higgins,1996)。参与探索式学习活动,会使得高预防型焦点的创业者产生强烈的负面情绪,甚至是强烈的紧张感(Idson et al.,2000)。避免参与探索式学习活动,会使高预防型焦点的创业者产生正面情绪和镇定感(Idson et al.,2000)。与负面情绪和紧张感相比,高预防型焦点的创业者更加愿意选择正面情绪和镇定感(Idson et al.,2000)。因此,受安全和稳定动机驱动的预防型焦点创业者,通常会选择规避探索式学习活动,以避免可能给新创企业带来的损失(Hmieleski and Baron,2009)。鉴于此,提出假设 3-3。

假设 3-3:创业者预防型焦点负向影响探索式学习。

尽管创业者预防型焦点会减少新创企业探索式学习活动,但会增加新创企业利用式学习活动。高预防型焦点的创业者追求实现最低目标,确保满足利益各方的需要。这种最低目标通常包括提高产品和服务质量(源自客户的要求)以及提高企业效益(源自董事会的要求)。利用式学习活动,如通过提高自动化水平以优化产品流程,能够帮助高预防型焦点的创业者实现这些最低目标,并且能够满足高预防型焦点的创业者自身的安全需要。由于对先前的技术、产品流程和客户需求均比较熟悉,当采取改进产品和服务质量、降低生产成本等利用式学习时,新创企业运营风险保持在一个较低的水平上(Christensen and Bower,1996)。在这种情况下,为了提高新创企业的市场地位和绩效,即便是高预防型焦点的创业者也能够接受这种较低风险,引导企业参与更多的利用式学习活动。

此外,高预防型焦点的个体关心责任和义务,强调减少错误率(Pennington and Roese,2003)。与低预防型焦点的创业者相比,高预防型焦点的创业者更加倾向于坚持利用式学习活动,以保证客户的基本需求和自身行为准则。先前研究也发现高预防型焦点的创业者擅长产量管理(如产品和工程技术改进),而这些均与利用式学习活动密切相关(Chiaburu,2010)。除此之外,高预防型焦点的创业者擅长组织正规化管理(Chiaburu,2010)。这种正规化管理促使管理实践的规整和再实施,减少了运营过程中的变数,因此有利于新创企业参与利用式学习活动。基于此,提出假设 3-4。

假设 3-4:创业者预防型焦点正向影响利用式学习。

3.3.3 探索式、利用式学习与新创企业绩效

由于市场竞争加剧以及外部经营环境的剧烈变化,新创企业需要开发和利用现有的知识与技术,探索新的知识和技术,从而对新创企业知识和技术池进行不断变革与更新,最终获取竞争优势。可见,探索式学习和利用式学习能力能够反映新创企业在组织学习方面被效仿或超越的难易程度。在一定程度上,探索式学习和利用式学习决定了新创企业创造价值的能力,以及新创企业的经营绩效。探索式学习和利用式学习

可以影响新创企业的知识和技能的积累,影响新创企业的生存和成长。此外,已有文献表明探索式学习和利用式学习能够提高员工满意度和组织信誉,增强新创企业凝聚力和创新能力,增强新创企业竞争优势,最终提高新创企业经营绩效。探索式学习和利用式学习还能够提高对外部技术和知识的吸收能力,提高技术创新和管理创新的能力。因此,与先前研究一致,本研究认为探索式学习和利用式学习有利于提高新创企业绩效。

具体地,探索式学习强调识别和创造新的技术和知识,增加新创企业现有的技术和知识存量。探索式学习能力越强,意味着新创企业开发与设计的新产品、开辟的新细分市场、开发的新的分销渠道、采用的新的销售手段越多(焦豪,2010)。所以,通过探索式学习活动,新创企业可以为顾客提供更有价值的产品和服务,从而有利于在市场上获取竞争优势。同时,探索式学习能够促使新创企业员工接受新的知识和技能,并且通过交流和使用对新知识和技能进行整合,从而形成更有价值的知识储备(Levinthal and March,1993),进而提高新创企业的创新能力,最终增强新创企业的市场竞争力和运营绩效。最后,探索式学习能够帮助新创企业吸收和消化外部知识,增加新创企业资源配置的柔性(Zahra and George,2002),提高新创企业适应性和灵活性(Levitt and March,1988),增强新创企业的战略弹性,从而提高新创企业的经营绩效。由此,提出假设 3-5。

假设 3-5:探索式学习正向影响新创企业绩效。

利用式学习强调以新创企业现有的技术和知识存量为基础,并对现有基础进行改进和完善。利用式学习通常表现为:改进现有产品或服务,改良现有经营手段,重新组合现有生产线或者产品以及增强现有分销渠道的分销效率等(焦豪,2010)。通过利用式学习活动,新创企业可以为客户群体提供更优质的产品或者服务,从而获得市场竞争优势。此外,利用式学习促使新创企业对现有的技术和产品进行提炼和积累,对现有的生产和销售经验进行推广。这种形式的学习可以有效降低错误出现率、避免新的失误,并且为现有技术和知识的重新整合和融合提供了更多的可能性,有利于新想法、新产品以及新技术的产生(Shane and Venkataraman,2000),从而有助于新创企业创新能力的提升,最终有利于新创企业绩效的提高。最后,利用式学习通过对现有技术和知识的改变和应用,有利于新创企业吸收能力的提高,从而为技术和产品创新提供了新通道(Rothaermel and Deeds,2004)。由此,提出假设3-6。

假设3-6:利用式学习正向影响新创企业绩效。

3.3.4 探索式学习和利用式学习的中介效应

基于以上分析,本研究进一步提出,探索式学习和利用式学习对创业者调节焦点和新创企业绩效的关系具有中介作用。这一论断来源于以下两个方面。第一,高阶梯队理论认为,高层管理者的认知特征通过作用于企业战略和行为,进而影响经营绩效(Hambrick and Mason,1984)。第二,调节焦点理论及对其在战略管理中的研究结果表明,创业者调节焦点对企业探索式学习和利用式学习具有重要影响(Kammerlander et al.,2015)。可见,探索式学习和利用式学习是创业者调节焦点的重要结果变量,同时也是新创企业绩效的重要前因变量。如图3.3所示。结合以上假设,提出假设3-7、假设3-8、假设3-9和假设3-10。

假设3-7:探索式学习对促进型焦点和新创企业绩效的关系具有中介作用。

假设3-8:探索式学习对预防型焦点和新创企业绩效的关系具有中

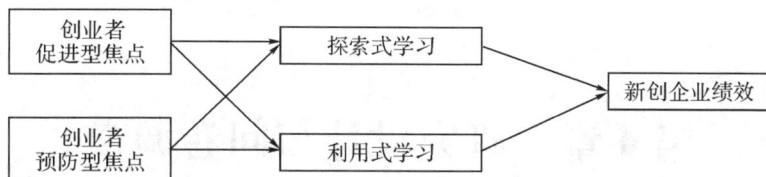

图 3.3　探索式学习和利用式学习的中介效应

介作用。

假设 3-9：利用式学习对促进型焦点和新创企业绩效的关系具有中介作用。

假设 3-10：利用式学习对预防型焦点和新创企业绩效的关系具有中介作用。

3.4　本章小结

本章是本研究的理论模型构建和研究假设提出部分，主要阐释了相关假设的理论和逻辑推导过程。以高阶梯队理论为基础，具体结合调节焦点理论，阐述了创业者促进型焦点和预防型焦点对新创企业绩效的促进作用，考虑环境动荡性因素，提出了环境动荡性对上述关系的调节作用，并进一步阐述了创业者促进型焦点、预防型焦点和环境动荡性的三阶交互作用。将商业机会识别和社会网络纳入研究中，说明了商业机会识别在创业者促进型焦点、预防型焦点与新创企业绩效关系之间的中介作用，并且系统阐述了社会网络在其中的调节机制。将创业学习引入研究框架，分别阐述了探索式学习和利用式学习在创业者促进型焦点、预防型焦点与新创企业绩效关系之间的中介作用。因此，本章为后续的实证检验奠定了理论基础和假设依据。

第 4 章　研究设计与问卷调查

4.1　问卷设计和内容

本研究采用问卷调查的方式获取数据。遵循问卷设计的原则和流程(Dunn et al.，1994)，本研究在问卷设计过程中采用严格的控制方法，从而保证所获数据的准确性。

根据本研究的概念模型，对已有文献进行梳理，确定了调查问卷的初稿内容。问卷初稿包括创业者和新创企业基本信息、新创企业绩效量表、创业者调节焦点量表、环境动荡性量表、探索式学习和利用式学习量表、商业机会识别量表以及社会网络量表等内容。

由于本研究中涉及的量表均来源于英文文献，需要将英文题项翻译成中文。基于 Brislin(1986)的双向翻译原则，作者和另一位团队研究成员首先独立地将英文翻译成中文，然后将中文翻译回英文。针对翻译中出现的差异和分歧，作者和另一位研究者进行多轮沟通和调整，从而达成一致。

为进一步保证量表语义一致性，本研究采用 Schaffer 和 Riordan (2003)的方法，最终确保量表的内容效度。作者将翻译定稿的中英文量表发送给本领域的三位专家和七位博士研究生，并向各位专家和博士研究生详细介绍了各变量的概念内涵，请他们对每一题项进行仔细审核,最终对存在分歧的表达进行了讨论和修改。此外,考虑到填答者往往不具备学术背景,为了保证填答者能够精确理解测量题项,作者将定稿之后的问卷发送给两位创业者进行审核,并按照他们的意见对相关题项进行了调整,最终确定了调查问卷的内容。

4.2 变量测量

本研究中,所有变量均来源于现有英文文献的成熟量表,采用李克特五点量表进行测量(其中,"1"代表完全不同意,"2"代表不同意,"3"代表不确定,"4"代表同意,"5"代表完全同意)。各变量的具体测量量表如下。

(1)新创企业绩效。目前,新创企业绩效的测量往往采用主观评价或者客观数据两种方式。尽管客观数据能够相对客观地反映新创企业的经营状况,但中国的多数企业并不愿意公开自己的绩效数据,特别是涉及商业机密的数据。所以,中国新创企业的客观绩效数据非常难以获取,客观性也受到影响。此外,由于所处行业和规模不同,新创企业绩效的评价标准和口径也有所不同,所以用客观数据衡量新创企业绩效的科学性难以保证。而主观评价方式,并不涉及新创企业的机密信息,被访者可以放心客观地评价新创企业绩效,从而保证测量的精确性。因此,基于 Chen(2009)的研究,本研究要求创业者根据 4 个题项来评价新创企业的绩效结果。这 4 个题项,不仅反映了新创企业的盈利性,也反映了新创企业的成长性。量表题项见表 4.1。

表 4.1　新创企业绩效量表

变量	题项
新创 企业 绩效	与竞争对手相比,我公司绩效良好
	与竞争对手相比,我公司盈利性良好
	与竞争对手相比,我公司市场份额增加
	与竞争对手相比,我公司成长快速

（2）创业者调节焦点。调节焦点表示个体在调节自身行为时采用的焦点类型,包括促进型焦点和预防型焦点两种。本研究基于 Lockwood 等（2002）的量表,分别采用 9 个题项来测量创业者促进型焦点和预防型焦点,量表题项见表 4.2。该量表广泛应用于创业领域,如 Tumasjan 和 Braun（2012）采用该量表测量创业者的调节焦点倾向。

表 4.2　创业者促进型焦点和预防型焦点量表

变量	题项
促 进 型 焦 点	我认为自己能够把企业经营好
	我经常思考如何经营好企业
	我经常憧憬自己实现了最终的创业梦想
	我现在的主要目标是把企业经营好
	我创业的最终目标是实现自己的理想
	我倾向于思考如何把企业经营好,而不是避免损失
	我会努力提升自己企业的绩效
	我能够成为自己崇拜的那种创业者
	创业过程中,我认为幸运的事情会发生在我身上

续表

变量	题项
预防型焦点	我经常担心自己创业失败
	我经常思考如何避免创业失败
	我经常担心自己完成不了创业目标
	我现在的主要目标是避免创业失败
	我创业的最终目标是承担应有的责任
	我倾向于如何避免损失,而不是争取最大收益
	我会重点考虑预防创业损失
	我担心将来会成为自己不喜欢的那种人
	创业过程中,我经常感觉到不好的事情会发生在我身上

（3）环境动荡性。环境动荡性反映企业所处外部经营环境变化的速度以及变化的不可预测程度。本研究沿用 Jaworski 和 Kohli(1993)的量表,采用 9 个题项测量新创企业所处环境的动荡性。该量表从技术动荡性和市场动荡性两个维度进行衡量。量表具体题项见表 4.3。

表 4.3　环境动荡性量表

变量	题项
技术动荡性	行业中技术创新较快
	行业内出现大量的技术创新
	技术创新带来了大量的机会
	未来五年的技术变化很难预测
	技术创新是新产品开发的主要方式

续表

变量	题项
	客户很难接受新产品
市场	客户需求变化较快
动荡性	新客户与老客户的产品需求不一致
	客户群体特征变化较快

(4)商业机会识别。目前,商业机会识别的测量方式并不统一。学者们通常根据自身的研究动机和目的,选择合适的测量方式。其中,Samuelsson(2004)利用新专利和新发明的数量表征企业商业机会识别行为,采用构成性变量的方式进行测量,得到了广泛认可。因此,本研究沿用 Samuelsson(2004)的做法,采用 6 个题项测量新创企业在过去三年中识别的商业机会数量。具体测量题项见表 4.4。

表 4.4　商业机会识别量表

变量	题项
	发现有效的、可应用的商业机会数量
	已经采用与实施的商业机会数量
商业机	新发明的总量
会识别	被其他企业广泛采用的新发明的数量
	国内专利的数量
	国际专利的数量

(5)社会网络。社会网络反映了企业在各种社会结构中的联结关系,包括商业网络和政府网络两个维度。根据 Peng 和 Luo(2000)以及 Sheng 等(2011)的量表,结合中国特殊的网络特点,本研究分别采用 5 个题项测量新创企业的商业网络和政府网络,具体题项见表 4.5。

表 4.5　社会网络量表

变量	题项
商业 网络	我公司与供应商有良好的关系 我公司与顾客有良好的关系 我公司与竞争者有良好的关系 我公司与技术合作者有良好的关系 我公司与经销商有良好的关系
政府 网络	我公司与各级政府有良好的关系 我公司与监管机构(税务局、工商局等)有良好关系 我公司与地方政府官员保持良好关系 我公司花费了大量资源建立政府关系 我公司与行业内权威有良好的关系

(6)探索式学习和利用式学习。探索式学习和利用式学习反映新创企业探索外部新知识以及开发现有知识的能力和水平。基于 Tippins 和 Sohi(2003)的研究,分别采用 3 个题项和 4 个题项测量探索式学习和利用式学习,具体测量题项见表 4.6。

表 4.6　探索式学习和利用式学习量表

变量	题项
探索式 学习	我公司有能力搜集外部信息和知识 我公司有能力识别外部信息和知识的有用性 我公司能预见领域内核心技术的发展趋势

续表

变量	题项
利用式学习	我公司有能力整合内部知识
	我公司能够应用现有知识解决具体问题
	我公司能够有效管理知识,以备未来之需
	我公司能够灵活运用现有知识或外部新知识应对环境变化

(7)控制变量。现有文献指出,创业者人口统计因素和新创企业基本特征对新创企业行为和绩效均有显著影响(Kollmann and Stockmann,2010)。与现有研究保持一致,本研究将创业者人口统计因素和新创企业特征作为控制变量。其中,对于创业者人口统计因素,本研究控制了创业者的年龄、性别和教育程度。对于企业基本特征,本研究控制了新创企业的成立年限、资产规模和行业类型。

4.3 数据收集与样本特征

本研究的调查对象为创业者及其新创企业。问卷调查时间为 2014 年 12 月—2015 年 2 月,调查过程在经济和信息化委员会的支持和配合下完成。经济和信息化委员会在系统中随机抽取 400 家新创企业,与这 400 家新创企业进行第一轮接触,然后将问卷发放给愿意参加本次调研的 250 位创业者(即新创企业的创立者或者实际拥有者)。为了打消填答者的顾虑,增加调查问卷回收率,作者在问卷的卷首语介绍本研究的目的,强调本问卷只用于学术研究,对收集的数据严格保密。本次问卷调研共发放问卷 250 份,回收 176 份,回收率为 70.4%。剔除填答不完整和填答无效的问卷,共得到有效问卷 160 份。本次问卷调查样本的主要特征如表 4.7 所示。

表 4.7　调查样本的主要特征

测量项目	类别	数量	比例/%
创业者 性别	男	142	88.7
	女	18	11.3
创业者 年龄	30 岁及以下	15	9.3
	31～35 岁	10	6.3
	36～40 岁	31	19.4
	41～45 岁	56	35.0
	46～50 岁	29	18.1
	51～55 岁	14	8.8
	56 岁及以上	5	3.1
创业者受 教育程度	初中及以下	9	5.5
	高中	47	29.4
	专科	6	3.8
	本科	68	42.5
	研究生及以上	30	18.8
新创企业 成立年限	1 年及以下	15	9.4
	2～4 年	50	31.2
	5～7 年	68	42.5
	8～10 年	27	16.9
新创企业 资产规模	100 万元及以下	3	1.9
	101～200 万元	4	2.5
	201～300 万元	6	3.7
	301～500 万元	6	3.7
	501～1000 万元	35	21.9
	1001～2000 万元	38	23.8
	2001～3000 万元	16	10.0
	3001 万元及以上	52	32.5

续表

测量项目	类别	数量	比例/%
新创企业所处行业	农林牧渔业	11	6.9
	采矿业	25	15.6
	制造业	68	42.5
	住宿和餐饮业	11	6.9
	金融业	6	3.7
	房地产业	12	7.5
	交通运输业	8	5.0
	信息、计算机和软件业	19	11.9

4.4 本章小结

本章详细阐述了本研究的研究设计和问卷调查的全部过程。本研究采用问卷调查的方式获取数据,严格遵循问卷设计的原则和流程,科学严谨地对问卷进行设计。结合研究内容,合理确定了问卷的填答对象,并采用严格的控制方法,保证所获数据的有效性和准确性。根据回收的有效问卷,对样本的基本特征进行了详细描述。

第5章 数据分析与实证检验

5.1 创业者调节焦点、环境动荡性
与新创企业绩效的关系实证检验

5.1.1 信度、效度分析与共同方法偏误检验

为了保证测量工具的有效性,本研究检验了每个构念的信度和效度。对于构念的信度检验,我们采用组合信度(Composite Reliability)与 Cronbach's α 两个指标来检验。表 5.1 显示了组合信度处于 0.929 和 0.959 之间,均高于 0.700 的阈值;Cronbach's α 处于 0.832 和 0.943 之间,均高于 0.600 的阈值。这表明各构念具有良好的信度。

表 5.1 信度和效度检验

变量	因子载荷	Cronbach's α	组合信度	AVE
促进型焦点	0.668~0.907	0.924	0.929	0.601
预防型焦点	0.620~0.899	0.910	0.931	0.604
环境动荡性	0.640~0.885	0.832	0.930	0.602
新创企业绩效	0.898~0.934	0.943	0.959	0.855

对于构念的效度检验,我们通过对因子载荷值与平均变异方差萃取值(AVE)的分析,检验了各构念的聚合效度与区别效度(Fornell and

Larcker，1981）。表 5.1 显示了各构念的因子载荷处于 0.620 和 0.934 之间，均高于 0.600 的阈值（Bagozzi et al.，1991）；各构念的平均变异方差萃取值处于 0.601 和 0.855 之间，均高于 0.500 的阈值（Bagozzi and Yi，1988）。这表明各构念具有良好的聚合效度。此外，我们通过比较相关系数和平均变异方差萃取值的平方根，来判别各构念间的区别效度。如表 5.2 所示，各构念的平均变异方差萃取值平方根均大于所在列的相关系数，表明各构念之间具有良好的区别效度（Fornell and Larcker，1981）。

由于本研究的数据收集于同一对象和同一时间，因此可能会存在共同方法偏误的问题。为了检验研究的共同方法偏误问题，我们对研究涉及的 31 个题项进行了 Harman 单因子测试分析（Podsakoff and Organ，1986）。分析表明，主成分因子分析中特征根大于 1 的 5 个因子，共贡献了 66.283% 的变异。而且 5 个因子中因子得分最高的因素贡献了 13.264% 的变异。因此，我们的检验结果表明，共同方法偏误在本研究中不显著，处于可接受范围之内。

5.1.2 描述性统计分析

为了清晰地观察各构念的均值、标准差及相关系数，我们进行了描述性统计分析。表 5.2 列出了具体的描述性统计分析结果。

表 5.2　均值、标准差和相关系数

变量	均值	标准差	1	2	3	4	5	6	7	8	9	10
1. 年龄	42.27	7.678										
2. 性别	1.10	0.301	-0.251**									
3. 教育程度	2.80	0.864	-0.198*	0.001								
4. 企业成立年限	6.63	3.073	0.125	0.066	-0.058							
5. 企业规模	7.15	1.744	0.181*	-0.148	0.272**	0.034						
6. 行业类型	2.25	2.824	0.016	0.022	0.115	-0.046	-0.139					
7. 促进型焦点	4.112	0.520	-0.02	-0.139	0.135	0.06	0.03	0.063	(.775)			
8. 预防型焦点	3.176	0.713	-0.029	0.039	0.003	0.01	0.162*	-0.126	-0.190*	(.777)		
9. 环境动荡性	3.579	0.529	-0.043	0.142	0.072	0.078	-0.194*	-0.116	0.267**	0.040	(.776)	
10. 绩效	3.820	0.767	-0.119	0.053	-0.043	-0.088	-0.122	-0.111	0.472**	-0.218**	0.433**	(0.925)

注:$N=160$,* $P<0.05$,** $P<0.01$。括号内是平均变异平均方差取样值的平方根。

5.1.3　回归结果分析

根据 Baron 和 Kenny(1986)的做法,采用层级回归的分析方法对研究假设进行验证。首先,将创业者年龄、性别和教育程度,企业的成立年限、企业规模和所处行业类型等控制变量带入模型,建立模型 1。其次,将创业者促进型焦点和预防型焦点带入模型,建立模型 2。再次,将环境动荡性带入模型,建立模型 3。第四,带入创业者促进型焦点、创业者预防型焦点及环境动荡性的两两乘积项(为了避免多重共线性,乘积项为中心化之后的变量乘积),建立模型 4。最后,带入创业者促进型焦点、创业者预防型焦点与环境动荡性的三者乘积项(乘积项也是中心化之后的变量乘积),建立模型 5。

表 5.3 显示了多元回归分析的结果。由模型 2 可知,创业者促进型焦点正向影响新创企业绩效($\beta=0.501$,$p<0.001$),创业者预防型焦点负向影响新创企业绩效($\beta=-0.128$,$p<0.01$)。并且,模型的解释度 $R^2=0.320$,说明模型 2 的解释程度较好。因此,假设 1-1 得到了支持,假设 1-2 没有得到支持,而是与原假设相反。

由模型 3 可知,环境动荡性正向影响新创企业绩效($\beta=0.367$,$p<0.001$),模型的解释度 $R^2=0.394$,比模型 2 解释度增加 0.074,表明将环境动荡性纳入研究模型,能够有效提高对新创企业绩效结果的解释程度。

由模型 4 可知,创业者促进型焦点和预防型焦点的交互项正向影响新创企业绩效($\beta=0.139$,$p<0.05$),创业者促进型焦点和环境动荡性的交互项正向影响新创企业绩效($\beta=0.118$,$p<0.10$),创业者预防型焦点和环境动荡性的交互项正向影响新创企业绩效($\beta=0.157$,$p<0.01$)。同时,模型的解释度$R^2=0.472$,比模型3解释度增加0.04,说

表 5.3　层级回归结果（$N=160$）

变量	模型 1	模型 2	模型 3	模型 4	模型 5
年龄	−0.098	−0.090	−0.119	−0.093	−0.091
性别	0.030	0.119	−0.060	0.020	0.022
教育程度	−0.009	−0.081	−0.117	−0.129	−0.125
企业成立年限	−0.087	−0.133**	−0.155**	−0.144*	−0.138*
企业规模	−0.074	−0.029	0.056	−0.003	−0.010
行业类型	−0.101	−0.150*	−0.110	−0.106	−0.104
促进型焦点		0.501***	0.391***	0.421***	0.421***
预防型焦点		−0.128**	−0.166**	−0.163**	−0.169**
环境动荡性			0.367***	0.374***	0.342***
促进型焦点＊预防型焦点				0.139*	0.154**
促进型焦点＊环境动荡性				0.118	0.109
预防型焦点＊环境动荡性				0.157**	0.133*
促进型焦点＊预防型焦点＊环境动荡性					0.203**
R^2	0.043	0.320	0.394	0.472	0.498
ΔR^2	0.043	0.277	0.074	0.040	0.026
F	1.112	8.704***	10.401***	13.051***	15.231***

明模型解释度更高。因此，假设 1-4 得到了验证，假设 1-3 没有得到验证。

由模型 5 可知，创业者促进型焦点、创业者预防型焦点和环境动荡性的三阶交互项正向影响新创企业绩效（$\beta=0.203$，$p<0.01$），模型解释度 $R^2=0.498$，比模型 4 解释度增加 0.026，说明模型解释度较好。因此，假设 1-5 得到了支持。

为了更加直观地揭示创业者促进型焦点、预防型焦点与环境动荡性之间的两两交互及三阶交互效应，本研究采用 Cohen 等（2003）的方法，分别以高于和低于均值一个标准差为基准描绘了各交互效应图。具体如图 5.1、图 5.2、图 5.3 和图 5.4 所示。

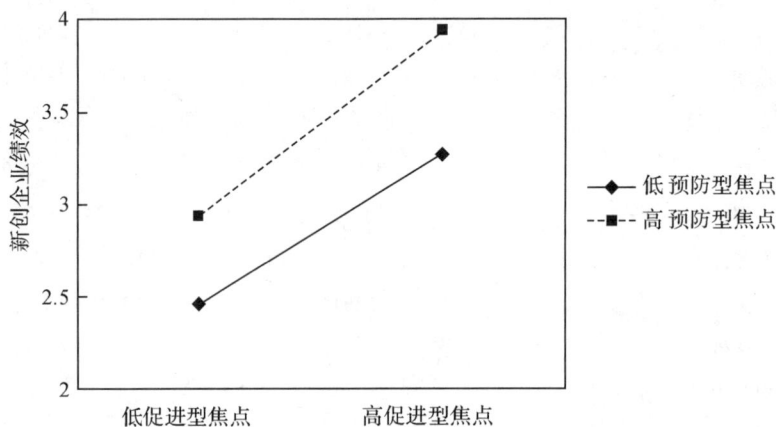

图 5.1　创业者促进型焦点与预防型焦点之间的交互作用

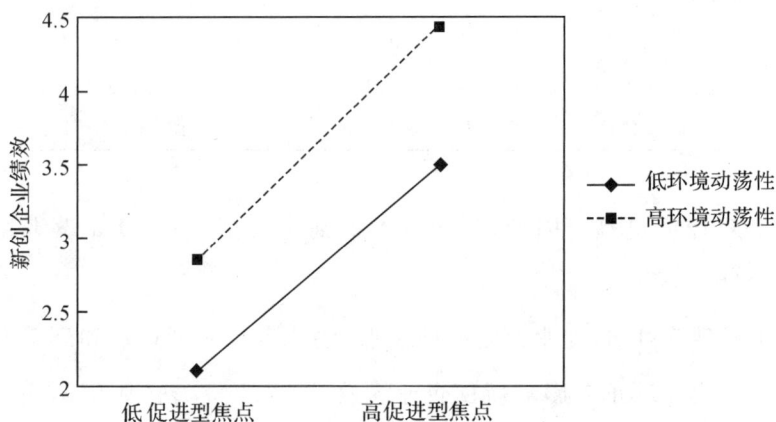

图 5.2　创业者促进型焦点与环境动荡性之间的交互作用

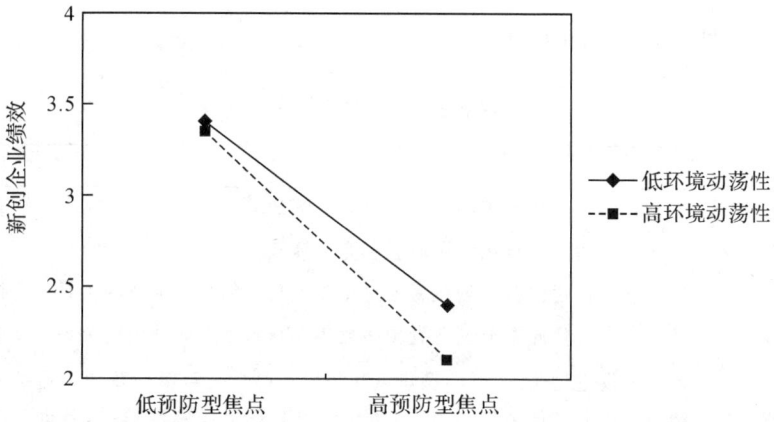

图 5.3　创业者预防型焦点与环境动荡性之间的交互作用

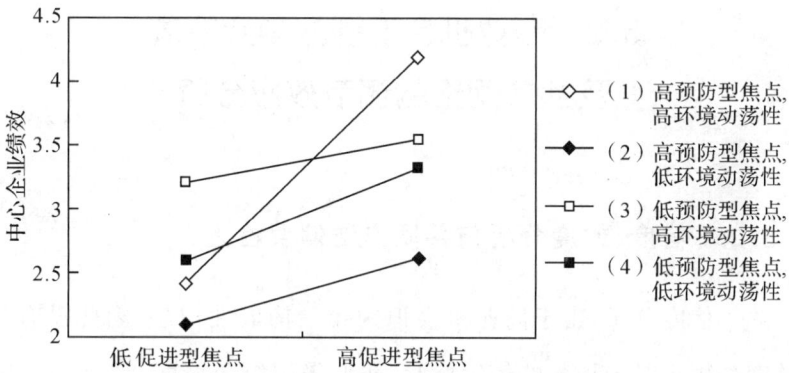

图 5.4　创业者促进型焦点、预防型焦点
与环境动荡性之间的三阶交互作用

为了清晰地看到本研究的数据结果，对本研究假设检验的结果进行了汇总，具体如表 5.4 所示。

表 5.4　假设检验结果

假设	假设内容	结果
假设 1-1	创业者促进型焦点正向影响新创企业绩效	支持
假设 1-2	创业者预防型焦点正向影响新创企业绩效	拒绝
假设 1-3	环境动荡性正向调节创业者促进型焦点与新创企业绩效的关系	拒绝
假设 1-4	环境动荡性负向调节创业者预防型焦点与新创企业绩效的关系	支持
假设 1-5	创业者促进型焦点、预防型焦点和环境动荡性交互影响新创企业绩效。创业者促进型焦点、预防型焦点和环境动荡性越高，新创企业绩效越高。	支持

5.2　商业机会识别的中介效应
及社会网络的调节效应分析

5.2.1 信度、效度分析与共同方法偏误检验

关于信度分析，由于商业机会识别属于构成性构念，因此没有进行信效度分析。对于构念的信度检验，我们采用组合信度与 Cronbach's α 两个指标来检验。表 5.5 显示了组合信度处于 0.929 和 0.959 之间，均高于 0.700 的阈值；Cronbach's α 处于 0.910 和 0.943 之间，均高于 0.600 的阈值。这表明各构念具有良好的信度。

关于各构念的效度，表 5.5 显示了各构念的因子载荷处于 0.620 和 0.934 之间，均高于 0.600 的阈值（Bagozzi et al.，1991）；各构念的平均变异方差萃取值处于 0.601 和 0.855 之间，均高于 0.500 的阈值

(Bagozzi and Yi，1988)。这表明各构念具有良好的聚合效度。此外,我们通过比较相关系数和平均变异方差萃取值的平方根,来判别各构念间的区别效度。如表 5.6 所示,各构念的平均变异方差萃取值平方根均大于所在列的相关系数,表明各构念之间具有良好的区别效度(Fornell and Larcker，1981)。

表 5.5　信度和效度检验

变量	因子载荷	Cronbach's α	组合信度	AVE
促进型焦点	0.668～0.907	0.924	0.929	0.601
预防型焦点	0.620～0.899	0.910	0.931	0.604
社会网络	0.642～0.898	0.917	0.946	0.664
新创企业绩效	0.898～0.934	0.943	0.959	0.855

由于本研究的数据收集于同一对象和同一时间,因此可能会存在共同方法偏误的问题。为了检验研究的共同方法偏误问题,我们对研究涉及的所有题项进行了 Harman 单因子测试分析(Podsakoff and Organ，1986)。分析表明,主成分因子分析中特征根大于 1 的 5 个因子贡献了 45.623% 的变异。而且,5 个因子中因子得分最高的因子贡献了 15.896% 的变异。因此,我们的检验结果表明,共同方法偏误在本研究中不显著,处于可接受范围之内。

5.2.2　描述性统计分析

为了清晰地观察各构念的均值、标准差及相关系数,我们进行了描述性统计分析。表 5.6 列出了具体的描述性统计分析结果。

表 5.6 均值、标准差和相关系数

变量	均值	标准差	1	2	3	4	5	6	7	8	9	10	11
1. 年龄	42.27	7.678											
2. 性别	1.10	0.301	-0.251**										
3. 教育程度	2.80	0.864	-0.198*	0.001									
4. 企业成立年限	6.63	3.073	0.125	0.066	-0.058								
5. 企业规模	7.15	1.744	0.181*	-0.148	0.272**	0.034							
6. 行业类型	2.25	2.824	0.016	0.022	0.115	-0.046	0.139						
7. 促进型焦点	4.112	0.520	-0.02	-0.139	0.135	0.06	0.03	0.063	(.775)				
8. 预防型焦点	3.176	0.713	-0.029	0.039	0.003	0.01	0.162*	-0.126	-0.190*	(.777)			
9. 商业机会识别	2.229	1.945	-0.235**	-0.108	0.231**	-0.011	0.166*	0.044	0.397**	-0.125*	(N. A.)		
10. 社会网络	4.013	0.528	-0.058	0.058	0.008	0.099	-0.138	0.022	0.452**	-0.105	0.27**	(.815)	
11. 绩效	3.820	0.767	-0.119	0.053	-0.088	-0.088	-0.122	-0.111	0.472**	-0.218**	0.418**	0.635**	(.925)

注：$P<0.05$，$**P<0.01$。括号内是平均变异方差萃取值的平方根。

5.2.3 回归结果分析

中介效应检验

根据 Baron 和 Kenny(1986)的分析步骤,采用层级回归的方法来检验商业机会识别在创业者调节焦点和新创企业绩效之间的中介效应。表 5.7 显示了层级回归的结果。由表 5.7 中的模型 2 可知,创业者促进型焦点正向影响新创企业绩效($\beta=0.735$,$p<0.001$),创业者预防型焦点负向影响新创企业绩效($\beta=-0.139$,$p<0.05$)。因此,主效应得到验证。

表 5.7 层级回归结果 ($N=160$)

变量	模型 1 商业机会识别	模型 2 新创企业绩效	模型 3 新创企业绩效
年龄	−0.052	−0.009	−0.001
性别	−0.490	0.301	0.384*
教育程度	0.325*	−0.074	−0.129*
企业成立年限	0.001	−0.033*	−0.033*
企业规模	0.203**	−0.013	−0.047*
行业类型	−0.028	−0.041*	−0.036*
促进型焦点	0.838***	0.735***	0.593***
预防型焦点	−0.195*	−0.139	−0.159*
商业机会识别			0.169***
R^2	0.279	0.320	0.405
F	7.172***	8.704***	11.010***

由模型 1 可知,创业者促进型焦点正向影响商业机会识别($\beta=0.838$,$p<0.001$),创业者预防型焦点负向影响商业机会识别($\beta=-0.195$,$p<0.05$)。同时,模型 1 的解释度 $R^2=0.279$,表明模型解释程度较好。因此,假设 2-1 得到了支持,假设 2-2 也得到了支持。

由模型 3 可知，当加入中介变量商业机会识别之后，商业机会识别正向影响新创企业绩效（$\beta=0.169$，$p<0.001$），而且创业者促进型调节焦点仍然正向影响新创企业绩效（$\beta=0.593$，$p<0.001$），创业者预防型调节焦点负向影响新创企业绩效（$\beta=-0.159$，$p<0.05$）。同时，模型 3 的解释度 $R^2=0.405$，比模型 2 显著增加 0.085，表明解释程度较好。因此，假设 2-3 得到了支持，中介效应也得到了初步验证。

为了进一步验证商业机会识别在创业者调节焦点和新创企业绩效之间的中介效应，我们采用了偏差校正拔靴法（Bias-corrected Bootstrapping）来验证。根据 Preacher 和 Hayes（2008）的做法，我们分别检验商业机会识别在促进型焦点—新创企业绩效、预防型焦点—新创企业绩效之间的中介作用效应。表 5.8 显示了数据结果，商业机会识别对促进型焦点和新创企业绩效的中介效应显著（$b=0.142$，95% CI [0.0692，0.2278]），商业机会识别对预防型焦点和新创企业绩效的中介效应显著（$b=-0.135$，95%CI[-0.2693，-0.0132]）。因此，假设 2-4 和假设 2-5 均得到了支持。

表 5.8　创业者调节焦点对新创企业绩效的间接效应（商业机会识别作为中介）

间接路径	b	SE	95% 置信区间
促进型焦点→商业机会识别→新创企业绩效	0.142	0.048	95%CI[0.0692，0.2278]
预防型焦点→商业机会识别→新创企业绩效	-0.135	0.073	95%CI[-0.2693，-0.0132]

调节效应检验

社会网络对创业者调节焦点和商业机会识别的调节作用。根据 Baron 和 Kenny（1986）的做法，首先将创业者年龄、性别和教育程度，企业的成立年限、企业规模和所处行业类型等控制变量带入模型；其次将创业者促进型焦点和预防型焦点带入模型；再次将社会网络带入模型；最后将创业者促进型焦点、创业者预防型焦点和社会网络的交互项（乘积项为中心化之后的变量乘积）带入模型。表5.9显示了社会网络调节作用分析的结果。由模型2可知，创业者促进型焦点正向影响商业机会识别（$\beta=0.282$，$p<0.001$），创业者预防型焦点负向影响商业机会识别（$\beta=-0.161$，$p<0.05$）。由模型3可知，社会网络对商业机会识别具有正向影响（$\beta=0.142$，$p<0.05$）。根据模型4，社会网络对创业者促进型焦点和商业机会识别间关系具有正向调节作用（$\beta=0.112$，$p<0.05$），而对创业者预防型焦点和商业机会识别间关系的调节作用不显著（$\beta=0.012$，$p>0.05$）。同时，模型4的解释度$R^2=0.313$，表明模型解释程度较好。因此，假设2-6得到了支持，假设2-7没有得到支持。

表 5.9　社会网络对创业者调节焦点和商业机会识别的调节作用分析

变量	模型 1	模型 2	模型 3	模型 4
年龄	-0.257^{**}	-0.254^{***}	-0.252^{***}	-0.252^{***}
性别	-0.146^{*}	-0.096	-0.110	-0.109
教育程度	0.219^{**}	0.177^{*}	0.176^{*}	0.176^{*}
企业成立年限	0.026	0.001	-0.010	-0.009
企业规模	0.200^{**}	0.229^{**}	0.249^{**}	0.246^{**}
行业类型	-0.021	-0.051	-0.053	-0.054
促进型焦点		0.282^{***}	0.215^{**}	0.215^{**}
预防型焦点		-0.161^{*}	-0.159^{*}	-0.095
社会网络			0.142^{*}	0.141^{*}
促进型焦点 * 社会网络				0.112^{*}
预防型焦点 * 社会网络				0.012
R^2	0.187	0.279	0.294	0.313
F	5.754^{***}	6.453^{***}	6.816^{***}	7.564^{***}

　　为了更加直观地揭示社会网络对创业者促进型焦点和商业机会识别的调节作用,本研究采用 Cohen 等(2003)的方法,分别以高于和低于均值一个标准差为基准描绘了各交互效应图。具体如图 5.5 所示。

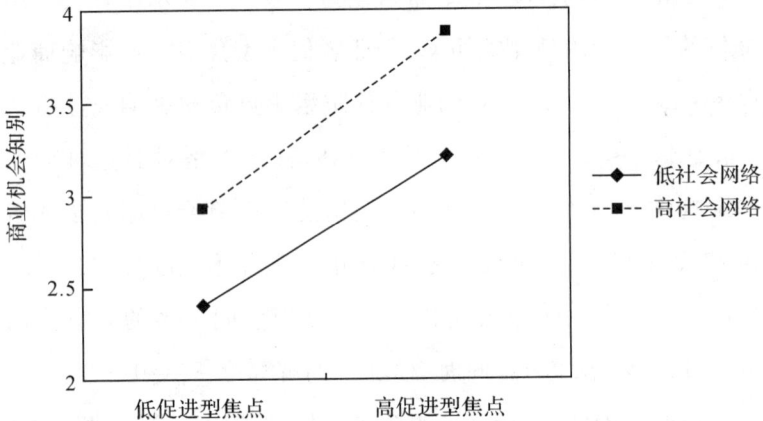

图 5.5　社会网络对创业者促进型焦点和商业机会识别的调节作用

　　社会网络对商业机会识别和新创企业绩效的调节作用。根据 Baron 和 Kenny(1986)的做法,首先将创业者年龄、性别和教育程度,企业的成立年限、企业规模和所处行业类型等控制变量带入模型;其次将商业机会识别带入模型;再次将社会网络带入模型;最后将企业机会识别和社会网络的交互项(乘积项为中心化之后的变量乘积)带入模型。表 5.10 显示了社会网络调节作用分析的结果。由模型 2 可知,商业机会识别正向影响新创企业绩效($\beta=0.499$, $p<0.001$)。由模型 3 可知,社会网络对新创企业绩效具有正向影响($\beta=0.334$, $p<0.001$)。根据模型 4,社会网络对商业机会识别和新创企业绩效间关系具有正向调节作用($\beta=0.188$, $p<0.01$)。同时,模型 4 的解释度 $R^2=0.584$,表明模型解释程度较好。因此,假设 2-8 得到了支持。

表 5.10　社会网络对商业机会识别和新创企业绩效的调节作用分析

	模型 1	模型 2	模型 3	模型 4
年龄	−0.094	0.034	0.010	0.002
性别	0.026	0.099	0.063	0.063
教育程度	−0.034	−0.144*	−0.133*	−0.143*
企业成立年限	−0.082	−0.097	−0.156**	−0.163**
企业规模	−0.076	−0.176	−0.056	−0.053
行业类型	−0.099	−0.089	−0.117*	−0.104*
商业机会识别		0.499***	0.570***	0.573***
社会网络			0.334***	0.356***
商业机会识别 * 社会网络				0.188**
R^2	0.042	0.367	0.535	0.584
F	1.106	18.536***	21.700***	23.549***

　　为了更加直观地揭示社会网络对商业机会识别和新创企业绩效的调节作用,本研究采用 Cohen 等(2003)的方法,分别以高于和低于均值一个标准差为基准描绘了各交互效应图。具体如图 5.6 所示。

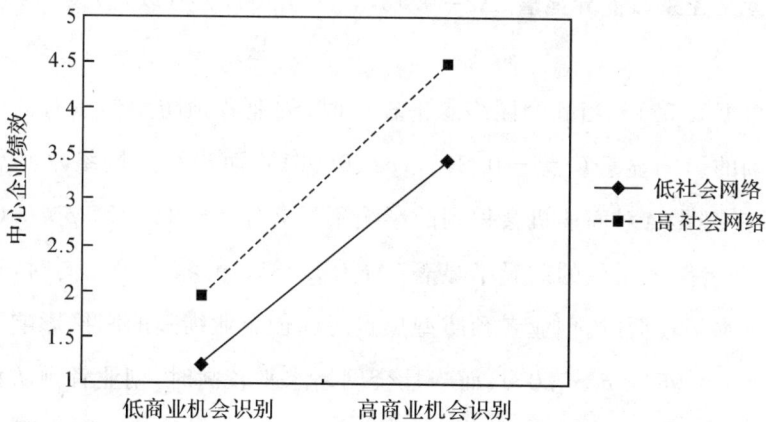

图 5.6　社会网络对商业机会识别和新创企业绩效的调节作用

有调节的中介效应检验

根据 Edwards 和 Lambert（2007）的做法，本研究采用拔靴法（bootstrapping method），分析了在不同的社会网络水平下，商业机会识别在创业者促进型焦点—新创企业绩效、创业者预防型焦点—新创企业绩效之间的中介效应。表 5.11 和表 5.12 表明了数据分析结果。在表 5.11 中，当社会网络水平较低时，预防型焦点对商业机会识别的影响不显著（$r=0.039$，$p>0.05$），而当社会网络水平较高时，预防型焦点对商业机会识别的影响显著（$r=0.481$，$p<0.001$）。同时，两者路径系数的差异显著（$\Delta r=0.442$，$p<0.001$）。因此，社会网络会强化创业者预防型焦点对商业机会识别的影响，进一步验证了假设 2-6。同时，根据表 5.11，当社会网络水平较低时，创业者促进型焦点对新创企业绩效的间接影响不显著（$r=0.020$，$p>0.05$），而当社会网络水平较高时，创业者促进型焦点对新创企业绩效的间接影响显著（$r=0.152$，$p<0.05$），且两者路径系数差异显著（$\Delta r=0.132$，$p<0.05$）。所以，假设 2-9 得到支持。

根据表 5.12，当社会网络水平较低时，创业者预防型焦点对商业机会识别的影响显著（$r=-0.363$，$p<0.001$），而当社会网络水平较高时，预防型焦点对商业机会识别的影响不显著（$r=-0.077$，$p>0.05$）。但是，两者路径系数的差异不显著（$\Delta r=0.285$，$p>0.05$）。同时，当社会网络水平较低时，创业者预防型焦点对新创企业绩效的间接影响不显著（$r=-0.064$，$p>0.05$），而当社会网络水平较高时，创业者预防型焦点对新创企业绩效的间接影响不显著（$r=-0.008$，$p<0.05$），且两者路径系数差异不显著（$\Delta r=0.056$，$p>0.05$）。所以，假设 2-10 没有得到支持。

表 5.11　有调节的中介效应分析(以促进型焦点为自变量)

调节变量	促进型焦点(X)——→商业机会识别(M)——→新创企业绩效(Y)				
	阶段		效应		
	第一阶段	第二阶段	直接效应	间接效应	总效应
	PMX	PYM	PYX	PYM PMX	PYX+PYM PMX
低社会网络水平	0.039	0.094	0.183*	0.020	0.203**
高社会网络水平	0.481***	0.146*	0.457***	0.152*	0.609***
差异	0.442***	0.054	0.374**	0.132*	0.344**

注:N=160,*** $p<0.001$,** $p<0.01$,* $p<0.05$;PMX 代表促进型焦点对商业机会识别的影响,PYM 代表商业机会识别对新创企业绩效的影响,PYX 代表促进型焦点对新创企业绩效的影响。高社会网络水平代表均值加 1 个标准差,低社会网络水平代表均值减 1 个标准差。

表 5.12　有调节的中介效应分析(以预防型焦点为自变量)

调节变量	促进型焦点(X)——→商业机会识别(M)——→新创企业绩效(Y)				
	阶段		效应		
	第一阶段	第二阶段	直接效应	间接效应	总效应
	PMX	PYM	PYX	PYM PMX	PYX+PYM PMX
低社会网络水平	−0.363**	0.177**	0.016	−0.064	−0.048
高社会网络水平	−0.077	0.103***	−0.216	−0.008	−0.224
差异	0.285	−0.074	−0.232	0.056	−0.176

注:N=160,*** $p<0.001$,** $p<0.01$,* $p<0.05$;PMX 代表预防型焦点对商业机会识别的影响,PYM 代表商业机会识别对新创企业绩效的影响,PYX 代表预防型焦点对新创企业绩效的影响。高社会网络水平代表均值加 1 个标准差,低社会网络水平代表均值减 1 个标准差。

为了清晰地看到本研究的数据结果,对本研究假设检验的结果进行了汇总,具体如表 5.13 所示。

表 5.13　假设检验结果

假设	假设内容	结果
假设 2-1	创业者促进型焦点正向影响商业机会识别	支持
假设 2-2	创业者预防型焦点负向影响商业机会识别	支持
假设 2-3	商业机会识别正向影响新创企业绩效	支持
假设 2-4	商业机会识别对创业者促进型焦点和新创企业绩效的关系具有中介作用	支持
假设 2-5	商业机会识别对创业者预防型焦点和新创企业绩效的关系具有中介作用	支持
假设 2-6	社会网络正向调节促进型焦点与商业机会识别的关系	支持
假设 2-7	社会网络负向调节预防型焦点与商业机会识别的关系	拒绝
假设 2-8	社会网络正向调节商业机会识别与新创企业绩效的关系	支持
假设 2-9	社会网络水平越强,商业机会识别在促进型焦点和新创企业绩效间所起的中介效应就越强	支持
假设 2-10	社会网络水平越强,商业机会识别在预防型焦点和新创企业绩效间所起的中介效应就越强	拒绝

5.3　探索式学习和利用式学习的中介效应检验

5.3.1 信度、效度分析与共同方法偏误检验

表 5.14 显示了组合信度处于 0.929 和 0.959 之间,均高于 0.700 的阈值;Cronbach's α 处于 0.910 和 0.943 之间,均高于 0.600 的阈值。这表明各构念具有良好的信度。同时,表 5.14 显示了各构念的因子载荷处于 0.620 和 0.942 之间,均高于 0.600 的阈值(Bagozzi et al.,1991);各构念的平均变异方差萃取值处于 0.601 和 0.855 之间,均高于 0.500 的阈值(Bagozzi and Yi,1988)。这表明各构念具有良好的聚合效度。此外,我们通过比较相关系数和平均变异方差萃取值的平方根,

来判别各构念间的区别效度。如表 5.15 所示,各构念的平均变异方差萃取值平方根均大于所在列的相关系数,表明各构念之间具有良好的区别效度(Fornell and Larcker,1981)。

表 5.14　信度和效度检验

变量	因子载荷	Cronbach's α	组合信度	AVE
促进型焦点	0.668～0.907	0.924	0.929	0.601
预防型焦点	0.620～0.899	0.910	0.931	0.604
探索式学习	0.907～0.940	0.915	0.959	0.855
利用式学习	0.894～0.942	0.931	0.951	0.829
新创企业绩效	0.898～0.934	0.943	0.959	0.855

由于本研究的数据收集于同一对象和同一时间,因此可能会存在共同方法偏误的问题。为了检验研究的共同方法偏误问题,我们对研究涉及的所有题项进行了 Harman 单因子测试分析(Podsakoff and Organ,1986)。分析表明,主成分因子分析中特征根大于 1 的 5 个因素贡献了 63.244% 的变异。而且,5 个因素中因子得分最高的因素贡献了 12.589% 的变异。因此,我们的检验结果表明,共同方法偏误在本研究中不显著,处于可接受范围之内。

5.3.2　描述性统计分析

为了清晰地观察各构念的均值、标准差及相关系数,我们进行了描述性统计分析。表 5.15 列出了具体的描述性统计分析结果。

5.3.3　回归结果分析

根据 Baron 和 Kenny (1986)的分析步骤,采用层级回归的方法来检验探索式学习和利用式学习在创业者调节焦点和新创企业绩效之间

表 5.15 均值、标准差和相关系数

变量	均值	标准差	1	2	3	4	5	6	7	8	9	10	11
1. 年龄	42.27	7.678											
2. 性别	1.10	0.301	-0.251**										
3. 教育程度	2.80	0.864	-0.198*	0.001									
4. 企业成立年限	6.63	3.073	0.125	0.066	-0.058								
5. 企业规模	7.15	1.744	0.181*	-0.148	0.272**	0.034							
6. 行业类型	2.25	2.824	0.016	0.022	0.115	-0.046	-0.139						
7. 促进型焦点	4.112	0.520	-0.02	-0.139	0.135	0.06	0.03	0.063	(0.775)				
8. 预防型焦点	3.176	0.713	-0.029	0.039	0.003	0.01	0.162*	-0.126	-0.190*	(0.777)			
9. 探索式学习	3.877	0.663	-0.061	-0.157*	0.3**	0.051	0.134	0.033	0.505**	-0.068	(0.925)		
10. 利用式学习	3.945	0.578	-0.089	-0.12	0.241**	0.026	0.064	0.01	0.465**	-0.095	-0.838**	(0.91)	
11. 绩效	3.820	0.767	-0.119	0.053	-0.043	-0.088	-0.122	-0.111	0.472**	-0.218**	0.386**	-0.283**	(0.925)

注：* $P<0.05$，** $P<0.01$。括号内是平均变异方差萃取值的平方根。

的中介效应。表 5.16 显示了层级回归的结果。由表 5.16 中的模型 3 可知,创业者促进型焦点正向影响新创企业绩效($\beta = 0.734$,$p < 0.001$),创业者预防型焦点负向影响新创企业绩效($\beta = -0.139$,$p < 0.05$)。因此,主效应得到验证。

表 5.16　层级回归结果（N=160）

变量	模型 1 探索式学习	模型 2 利用式学习	模型 3 新创企业绩效	模型 4 新创企业绩效
年龄	−0.005	−0.007	−0.009	−0.008
性别	−0.230	−0.164	0.301	0.385*
教育程度	0.150**	0.096*	−0.074	−0.132*
企业成立年限	0.009	0.003	−0.033*	−0.037
企业规模	0.022	0.006	−0.013	−0.023
行业类型	−0.005	−0.007	−0.041*	−0.040*
促进型焦点	0.586***	0.488***	0.734***	0.539***
预防型焦点	−0.012	−0.042	−0.139*	−0.144*
探索式学习				0.566***
利用式学习				−0.278*
R^2	0.330	0.243	0.320	0.397
F	9.097***	7.924***	8.704***	9.677***

由模型 1 可知,创业者促进型焦点正向影响探索式学习($\beta = 0.586$,$p < 0.001$),创业者预防型焦点对探索式学习的作用不显著($\beta = -0.012$,$p > 0.05$)。同时,模型 1 的解释度 $R^2 = 0.330$,表明模型解释程度较好。因此,假设 3-1 得到了支持,假设 3-3 没有得到支持。

由模型 2 可知,创业者促进型焦点正向影响利用式学习($\beta = 0.488$,$p < 0.001$),创业者预防型焦点对利用式学习的作用不显著($\beta = -0.042$,$p > 0.05$)。同时,模型 2 的解释度 $R^2 = 0.243$,表明模型解释程度较好。因此,假设 3-2 得到了支持,假设 3-4 没有得到支持。

由模型 4 可知,探索式学习正向影响新创企业绩效($\beta = 0.566$,$p < 0.001$),利用式学习负向影响新创企业绩效($\beta = -0.278$,$p < 0.05$)。同时,模型 4 的解释度 $R^2 = 0.397$,表明模型解释程度较好。因此,假设 3-5 得到了支持,假设 3-6 没有得到支持。

此外,根据模型 4,当加入中介变量探索式学习和利用式学习之后,模型 4 的解释度比模型 3 显著增加 0.077,而且创业者促进型焦点对新创企业绩效的影响仍然显著($\beta = 0.539$,$p < 0.001$),初步验证了中介效应的显著性。

为了进一步验证探索式学习和利用式学习在创业者调节焦点和新创企业绩效之间的中介效应,我们采用了偏差校正拔靴法(*Bias-corrected Bootstrapping*)来验证。根据 *Preacher* 和 *Hayes*(2008)的做法,我们分别检验探索式学习和利用式学习在促进型焦点—新创企业绩效、预防型焦点—新创企业绩效之间的中介作用效应。表 5.17 显示了数据结果,探索式学习对促进型焦点和新创企业绩效的中介效应显著(b = 0.332,95% *CI* [0.1794, 0.4986]),探索式学习对预防型焦点和新创企业绩效的中介效应不显著(b = -0.007,95% *CI* [-0.0682, 0.0537]);利用式学习对促进型焦点和新创企业绩效的中介效应不显著(b = -0.106,95% *CI* [-0.2703, 0.0130]),利用式学习对预防型焦点和新创企业绩效的中介效应不显著(b = 0.012,95% *CI* [-0.0168, 0.0489])。因此,假设 3-7 得到了支持,而假设 3-8、假设 3-9 和假设 3-10 没有得到数据支持。

表 5.17　探索式和利用式学习的中介效应分析

间接路径	b	SE	95％ 置信区间
促进型焦点→探索式学习→新创企业绩效	0.332	0.097	95％CI[0.1794, 0.4986]
预防型焦点→探索式学习→新创企业绩效	−0.007	0.038	95％CI[−0.0682, 0.0537]
促进型焦点→利用式学习→新创企业绩效	−0.106	0.078	95％CI[−0.2703, 0.0130]
预防型焦点→利用式学习→新创企业绩效	0.012	0.021	95％CI[−0.0168, 0.0489]

为了清晰地看到本研究的数据结果,对本研究假设检验的结果进行了汇总,具体如表 5.18 所示。

表 5.18　假设检验结果

假设	假设内容	结果
假设 3-1	创业者促进型焦点正向影响探索式学习	支持
假设 3-2	创业者促进型焦点正向影响利用式学习	支持
假设 3-3	创业者预防型焦点负向影响探索式学习	拒绝
假设 3-4	创业者预防型焦点正向影响利用式学习	拒绝
假设 3-5	探索式学习正向影响新创企业绩效	支持
假设 3-6	利用式学习正向影响新创企业绩效	拒绝
假设 3-7	探索式学习对促进型焦点和新创企业绩效的关系具有中介作用	支持
假设 3-8	探索式学习对预防型焦点和新创企业绩效的关系具有中介作用	拒绝
假设 3-9	利用式学习对促进型焦点和新创企业绩效的关系具有中介作用	拒绝
假设 3-10	利用式学习对预防型焦点和新创企业绩效的关系具有中介作用	拒绝

5.4　本章小结

本章对本研究提出的相关假设进行了实证检验。首先,对模型中各个变量的信度、效度和共同方法偏误进行了检验。然后,对各个变量的均值、方差进行了计算,并对各变量之间的相关关系进行了分析。在此基础上,根据前一章节中提出的假设,对数据进行了回归分析,对相关假设进行了验证。

第6章　研究总结与展望

6.1　研究结论

第一,本研究对创业者调节焦点、环境动荡性与新创企业绩效的关系进行了分析。提出了五个相关假设:创业者促进型焦点对新创企业绩效具有正向影响,预防型焦点对新创企业绩效具有正向影响,环境动荡性正向调节促进型焦点与新创企业绩效的关系,负向调节预防型焦点与新创企业绩效的关系,促进型焦点、预防型焦点和环境动荡性对新创企业绩效具有正向的交互影响。经实证检验,部分假设得到了验证。

创业者促进型焦点有利于新创企业绩效的提高。与先前研究结论一致,本研究发现促进型焦点正向影响新创企业绩效(Wallace et al.,2010)。促进型焦点的创业者表现出一种积极的行为特点,倾向于采取增长型的企业战略,积极建立外部合作,有利于新创企业解决资源匮乏和突破"新进入陷阱"等问题,使得新创企业规模扩大。同时,促进型焦点的创业者注重构建企业创新能力,愿意采取新方法、开发新产品、开拓新产品线,能够激发员工和新创企业的创新活力,从而获得市场竞争优势,最终有利于新创企业绩效的提高。

创业者预防型焦点不利于新创企业绩效的提高。与假设和已有研究结论相反,本研究发现预防型焦点对新创企业绩效具有负向影响。造成研究结论不一致的原因,可能是由于中国新创企业面临的特殊的经营环境。与 Wallace 等(2010)的研究对象(美国的创业者及其企业)不同,本研究的对象是中国的创业者及其新创企业。中国目前处于经济转型时期,在知识产权、产品责任以及税收等法律制度方面的完善程度与美国仍存在一定差距。也正是因为中国正处于这种经济转型与升级的特殊时期,为新创企业创造了巨大的发展空间,带来了新的市场机会。在这种背景下,预防型焦点的创业者由于过于谨慎、惧怕损失,可能会错过许多市场机会,从而不利于新创企业的发展。

创业者促进型焦点和预防型焦点对新创企业绩效的作用受到环境动荡性的影响。行业环境中市场和技术变化的速度影响新创企业经营中面临的机会和风险。在动荡性较高的环境中,促进型焦点的创业者能够快速适应,并且提出较多的创造性运营方案,从而推动新创企业的发展。在动荡性较高的环境中,由于市场和技术的变化较快,不确定性和风险也随之增加。预防型焦点的创业者追求新创企业的稳定和安全,倾向于做出详密周全的决策,采取规避型的运营策略,导致决策时间较长,决策速度较慢,这将进一步导致企业战略行动停滞甚至实施滞后,最终对新创企业绩效产生不利影响。因此,环境动荡性越高,创业者促进型焦点对新创企业绩效的正向影响越强,而创业者预防型焦点对新创企业的负向影响越强。

创业者促进型焦点、预防型焦点和环境动荡性的三阶交互项对新创企业绩效具有正向作用。学者们指出,创业者可以同时具备高促进型焦点和高预防型焦点,但目前同时考虑两者交互效应的研究较少(Lanaj et al.,2012)。鉴于此,本研究进一步探讨创业者兼具促进型焦点和预防型焦点时,在动荡程度不同的环境中,对新创企业绩效的影响。当环境动荡性较高时,同时具有高促进型焦点和高预防型焦点的创业者,不仅能够更好地适应快速变化、抓住机会以及利用机会，提出更多创造性的市场或技术应对方案，还能够谨慎考量应对方案，保障方案的有效性，进而使新创企业在这种动荡的经营环境中得以生存和发展。本研究结果表明，创业者促进型焦点、预防型焦点和环境动荡性越高，新创企业绩效越高。

第二，本研究对商业机会识别的中介效应及社会网络的调节效应进行了分析。基于实证检验，本研究发现：创业者促进型焦点正向影响商业机会识别，而预防型焦点负向影响商业机会识别；商业机会识别正向影响新创企业绩效；商业机会识别在促进型焦点、预防型焦点与新创企业绩效关系中具有中介作用；社会网络对促进型焦点和商业机会识别的关系、商业机会识别与新创企业绩效的关系均具有正向调节作用；社会网络对商业机会识别在促进型焦点和新创企业绩效的中介作用具有正向调节作用。

创业者促进型焦点有利于新创企业商业机会的识别，而预防型焦点不利于新创企业商业机会的识别。促进型焦点的创业者具有较强的创造性，具有开放的心态和活跃的思维方式，能够发现新可能，搭建新联系，提出创新想法以及创新方案，这些创新性想法和方案进而转化成新创企业识别的商业机会。而预防型焦点的创业者则与之相反。

新创企业商业机会识别有利于其企业绩效的提高。商业机会识别能够帮助新创企业将新想法或者新需求转化成为企业价值，是新创企业成功的关键。通过商业机会识别，新创企业不仅能够创造更多的新技术、新流程和新产品，从而提高企业的产品创新能力，还能够通过探索新市场、挖掘新客户群体和客户需求，推动新创企业挖掘新的市场需求，最终取得技术和市场上的竞争优势。

新创企业商业机会识别在企业促进型焦点、预防型焦点与企业绩效关系中起到中介作用。创业者调节焦点通过影响新创企业商业机会识别的能力和结果,进而作用于新创企业绩效。促进型焦点的创业者有利于新创企业识别更多的商业机会,从而获得较好的新创企业绩效。而预防型焦点的创业者不利于新创企业商业机会的识别,从而不利于新创企业绩效的提高。

新创企业社会网络不仅影响创业者促进型焦点对商业机会识别的作用,也影响商业机会识别对新创企业绩效的影响。社会网络作为创业者和新创企业与外部信息交流的重要渠道,能够为创业者提供关键的信息和资源。一方面,丰富的社会网络可以降低潜在的风险和不确定性,帮助促进型焦点的创业者迅速获取有价值的信息和资源,进而帮助新创企业识别更多的商业机会。另一方面,丰富的社会网络还可以帮助新创企业获取优质的信息和外部的资源支持,对识别的商业机会进行有效开发,从而取得更好的绩效。

新创企业社会网络影响商业机会识别在创业者促进型焦点和新创企业绩效之间的中介作用。本研究的结果表明,新创企业社会网络越丰富,创业者促进型焦点通过商业机会识别对新创企业绩效产生的正向影响就越强。这表明,新创企业社会网络在创业者促进型焦点对新创企业商业机会识别及企业绩效的影响中,发挥着重要作用。

第三,本研究对探索式学习和利用式学习在创业者调节焦点与新创企业关系中的中介效应进行了分析。提出了十个相关假设,经过实证分析,验证了部分假设:创业者促进型焦点对探索式学习和利用式学习具有正向作用;探索式学习对新创企业绩效具有正向作用,而利用式学习对新创企业绩效具有负向作用;探索式学习在促进型焦点与新创企业绩效中均具有中介作用。

创业者促进型焦点不仅有利于新创企业探索式学习,也有利于新创企业利用式学习。促进型焦点的创业者为了增强新创企业的竞争优势，获得更高的市场地位，常常采取吸引新客户和开发新产品等探索式学习活动（Raisch and Birkinshaw，2008）。同时，促进型焦点的创业者为了增加客户满意度以及减少生产成本，获取更高的利润，也常常采取提高产品或服务质量和加强流程管理等利用式学习活动（Gibson and Birkinshaw，2004）。

新创企业探索式学习有利于其企业绩效的提高。探索式学习强调识别和创造新的技术和知识，增加新创企业现有的技术和知识存量。通过探索式学习活动，新创企业可以为顾客提供更有价值的产品和服务，从而有利于在市场上获取竞争优势。同时，探索式学习能够帮助新创企业吸收和消化外部知识，提高新创企业适应性、灵活性及其战略弹性，从而提高新创企业绩效。

新创企业利用式学习不利于其企业绩效的提高。已有研究发现，利用式学习通过对现有的技术和产品进行提炼和积累，对现有的生产和销售经验进行推广，从而有助于企业绩效的提高（Rothaermel and DeedS，2004）。但是，与已有研究结论和先前假设不同，本研究数据结果显示利用式学习与新创企业绩效负相关。这个不一致的结论，可能是因为中国新创企业所处经营环境的高度变化性。目前，中国市场环境加速变化使以前的"沼泽地"变成"高速公路"，新创企业很难再凭借固定不变的产品和技术长期保持优势。因此，新创企业仅仅对现有的技术和产品进行改造，已不能满足当前市场和消费者的需求，从而不利于新创企业绩效的提升。

探索式学习在促进型焦点与新创企业绩效的关系中起到中介作用。促进型焦点的创业者通常愿意尝试新事物，通过引导新创企业搜索新的商业机会及开发新产品等探索式学习活动，对新创企业知识和技术池进行不断变革与更新,为顾客提供更有价值的产品和服务,最终获取竞争优势。

6.2 理论贡献

本研究以创业者调节焦点与新创企业绩效的关系为核心,首先探讨了创业者促进型焦点、预防型焦点、环境动荡性对新创企业的作用机制,并以高阶梯队理论为框架,进一步分析了新创企业商业机会识别和创业学习在创业者调节焦点与新创企业绩效关系间的中介作用机制,以及相关的调节作用机制,做出了一定的理论贡献。

第一,将创业者与新创企业绩效的关系研究拓展到认知领域,为揭示新创企业绩效的提升机制提供了新视角。在现有相关研究中,学者们通常基于高阶梯队理论,采用人口统计特征来反映高层管理者的思想和心理特点。但是,这种表征方式过于笼统,可能会带来信息损失与失真,进而造成研究结论不具信服力。在这种情况下,直接考察创业者心理因素和新创企业绩效的关系,既是新的研究突破点,也是一种新的挑战。本研究将创业者调节焦点这一心理认知概念引入新创企业绩效研究领域,阐述创业者调节焦点对新创企业绩效的直接作用和间接作用机制,不仅是对高阶梯队理论在创业领域应用的拓展和深化,也为从创业者心理认知层面揭示新创企业绩效的提升机制提供了新的思路。

第二,以调节焦点理论为基础,检验了创业者促进型焦点和预防型焦点对新创企业绩效的直接效应,以及环境动荡性的调节效应,为深化创业者调节焦点与新创企业绩效关系的研究提供了重要基础。近年来,尽管调节焦点理论在创业研究中得到越来越多的重视,但是从创业者调节焦点的角度探讨对新创企业绩效影响的文献却凤毛麟角。本研究则为这一研究角度的应用和深化提供了可能性。本研究发现,创业者促进型焦点有利于新创企业绩效的提升,而预防型焦点不利于新创企业绩效的提升。并且,新创企业所处行业环境越动荡,促进型焦点的创业者对企业绩效提升的推动作用越强,而预防型焦点的创业者对企业绩效提升的阻碍作用越强。此外,本研究进一步发现高预防型焦点的创业者并非在任何情况下都不利于新创企业的发展。当创业者兼具高促进型焦点和高预防型焦点时,在高度动荡的环境中,新创企业获取最高水平的企业绩效。

第三,分析和检验了商业机会识别的中介效应以及社会网络的调节效应,为理解创业者调节焦点和新创企业绩效间的传导机制和权变特征提供了另一个新的思路。商业机会识别作为创业研究中的核心问题,是决定新创企业生存与发展的关键。目前学术界关于商业机会识别的研究主要停留在概念探讨层面,实证研究相对不足,尤其是鲜有学者探讨商业机会识别在创业者认知和新创企业绩效之间的作用机制。本研究基于已有的相关研究结论,将商业机会识别作为另一个重要的中介机制,从理论上阐述了其在创业者促进型焦点、预防型焦点与新创企业绩效之间的传导机制,并实证检验了其中介效应。同时认为社会网络作为信息和资源的重要来源,是重要的权变因素,通过影响新创企业获取信息和资源的数量和质量,进而对商业机会识别过程产生重要作用。因此,本研究从商业机会识别的视角阐释了其在创业者调节焦点与新创企业绩效关系中的传导机制,并分析了社会网络对整个传导过程的权变影响,不仅丰富了新创企业绩效的提升机制研究,也为创业者认知和新创企业绩效方面的研究提供了理论借鉴。

第四,将创业学习纳入研究框架,分析了探索式学习和利用式学习的中介效应,为理解创业者调节焦点与新创企业绩效间的传导机制提供了新视角。高阶梯队理论指出,高层管理者个人层面的认知因素对企业绩效的影响,往往通过企业层面的战略或者能力传导。本研究基于调节焦点理论和创业学习的相关研究,指出不同类型的调节焦点会影响新创企业选择不同的创业学习方式(即探索式学习和利用式学习),进而影响新创企业学习能力的构筑,最终作用于新创企业绩效。这一观点在调节焦点理论的研究中较为新颖,为探寻创业者调节焦点与新创企业绩效的中介机制指出了新的研究视角。因此,本研究从组织学习的视角揭示了从创业者认知到新创企业绩效之间的黑箱机理,丰富了新创企业绩效提升的机制研究。

6.3　实践启示

　　新创企业是经济活动中最活跃的行为主体,如何促进新创企业的生存和发展是有效推动中国经济健康快速增长的有效途径。创业者作为新创企业的创立者和决策者,对运营战略和能力培养具有重要的影响,是决定新创企业绩效的核心因素。本研究以此为主线,探究了创业者调节焦点对新创企业绩效的影响机理,通过实证研究得出了丰富的结论,为创业者能力培养和新创企业管理提供了重要的实践参考。

　　第一,引导创业者重视自身认知特点,审视调节焦点类型,促进积极领导行为的形成。调节焦点作为个体认知的重要内容,反映了创业者在新创企业运营中的方式和策略,进而影响新创企业的生存和发展。本研究实证验证了创业者调节焦点与新创企业绩效之间的关系,建议创业者采用促进型焦点的认知方式,关注如何实现创业成功,不断提高创新能力,抓住市场上的机遇,促进新创企业的成长。当采用预防型焦点的认知方式时,创业者应该提高决策的速度和效率,防范错过市场机会的可能性,促使新创企业参与新技术新产品的开发与新市场的开拓。此外,创业者在审视调节焦点时,应该考虑新创企业所处的行业环境。当行业环境中,技术和市场变化较快时,创业者应该同时采用促进型焦点和预防型焦点,不仅要快速抓住市场机会、及时创新,而且要减少错误出现的概率,进而促进新创企业的良性发展。

第二,鼓励新创企业抓住市场机会,注重机会的开发和利用,实现新创企业竞争优势。商业机会的识别是创业过程中的重要环节,对新创企业的发展具有重要影响。本研究实证结果表明,商业机会识别有助于新创企业绩效的提高,并且创业者促进型焦点有利于商业机会识别,而预防型焦点不利于商业机会识别。因此,一方面,新创企业需要提高商业机会识别的能力。通过引入新的技术、新的管理方式、新的产品或服务等多种途径,不断挖掘新的市场需求,促进企业的技术创新,进而为客户创造新的价值,最终取得较高的企业收益。另一方面,创业者应注意自身调节焦点对新创企业商业机会识别能力的影响。创业者应采取促进型焦点的认知方式,产生较多的创新性想法,发现有价值的市场信号,激发员工和下属的创新能力,进而促进新创企业商业机会识别能力的提升。而预防型焦点通常关注负面信息,规避风险性行为,不利于新创企业商业机会的识别。因而在商业机会识别过程中,创业者应该避免采用预防型焦点的认知方式。

第三,注重构建新创企业的社会网络,广泛开拓外部交流和合作,为新创企业的发展争取外部资源。社会网络对于新创企业而言不仅是具有经济意义的资源,也是新创企业获取外部创业资源的重要渠道。本研究的研究结论表明,社会网络不仅会增强创业者促进型焦点对商业机会识别的正向作用,也会促进商业机会识别向新创企业绩效的转化。因此,为了实现竞争优势,促进新创企业的不断发展,新创企业应该重视外部社会网络的建设。一方面,积极地与关键商业伙伴建立战略合作关系,比如与关键的供应商、销售商、技术合作者和顾客等建立广泛密切的网络关系。另一方面,积极地与政府部门(如主管部门、监管部门和行业协会等)建立密切的交流与合作。

第四,鼓励新创企业开展探索式学习,保持企业的创新活力,推进新创企业绩效的提升。与成熟企业相比,由于自身存在"新"和"小"的先天缺陷,新创企业面临的资源约束的窘境更加严重。同时,行业环境的变化愈加快速,经营环境愈加复杂,向新创企业和创业者提出了更高难度的挑战。在这种情况下,如何探索有效的创业者领导方式,突破新创企业的固有缺陷,实现新创企业的生存和发展,是创业者和新创企业需要解决的重要命题。探索式学习作为组织学习的重要方面,反映了新创企业对外部知识和技术的吸收能力,对新创企业的技术创新和产品创新具有重要作用。根据本研究的结论,探索式学习有利于提高新创企业的绩效。并且,创业者促进型焦点有助于提高新创企业的探索式学习能力,进而提升新创企业的经营绩效。因此,创业者应该深刻反思自身的行为特点,通过积极有效的行为活动增强新创企业的探索式学习能力。本研究建议创业者构建促进型焦点认知,提升领导魅力,激发员工和下属的创新潜力,鼓励参与探索式学习活动,引导新创企业开发新产品和新技术。创业者通过促进型焦点的有效发挥,推动新创企业探索式学习能力的增强,最终促进新创企业绩效的提升。

6.4　研究局限和未来研究方向

本研究考察了创业者调节焦点对新创企业绩效的直接和间接作用机理,得出了较为丰富的研究结论。尽管研究结论具有一定的理论和实践意义,但仍然存在一定的局限性,需要在未来研究中进一步改善。

第一,研究框架需要进一步优化。首先,创业者心理因素,不仅包括创业者自身的认知特征,还包括其他方面的特征,如创业者动机和情感。虽然本研究从创业者调节焦点的角度对新创企业绩效的作用机理进行了系统和深入的分析,但只是研究了创业者心理因素中的认知维度。创业者其他方面的心理特征也会对新创企业的经营绩效产生重要影响,需要后续研究进一步探索。其次,在研究创业者调节焦点对新创企业绩效的直接影响时,本研究只关注了环境动荡性的调节作用,并未考虑其他因素的调节作用,比如行业的竞争强度、企业的所有制类型等等。尽管环境动荡性是创业和战略管理领域的关注重点,但是其他外部环境因素和企业特征对创业者调节焦点与新创企业绩效的关系也应当得到关注。此外,在研究创业者调节焦点和新创企业绩效之间的中介机制时,囿于篇幅,本研究主要关注了组织学习和商业机会识别的影响,而并未考虑其他类型的组织能力,如动态能力和吸收能力等。虽然组织学习和商业机会识别对新创企业绩效的影响非常重要,但其他类型的组织能力的中介机制也应当得到关注。最后,在研究商业机会识别的中介机制时,本文只考察了新创企业社会网络在其中的调节作用,而未考虑其他的调节因素,如企业的规模及所处行业类型,而这些因素都会对新创企业商业机会识别过程产生重要影响。因此,未来研究可以从以上四个方面进行深化,为创业者心理因素与新创企业绩效关系的研究提供更加完整的理解。

第二,研究方法需要进一步改进。首先,研究样本的区域局限性。由于面向创业者的调查难度非常大,以及调研资金和时间的限制,本研究主要以安徽省的创业者及其新创企业为研究对象,并没有涵盖全国范围内的创业者及新创企业,这会在一定程度上影响研究结论的普适性。

后续研究可以扩大调研的样本来源,将调研对象扩展到全国范围,完善研究结论的有效性和普适性。其次,调研数据为横截面数据。一方面,这可能会带来共同方法偏误的隐患。另一方面,这难以确定各个变量和构念之间的因果关系。比如,新创企业绩效可以在多个时间点上得到更加深入的刻画,因此后续研究可以对数据收集进行规划,分阶段在不同的时间点上进行收集,从而增强数据的客观性,提高研究结论的信服力。最后,研究方法比较单一。本研究主要采用了问卷调查的方式进行实证检验。为了增强研究内容的丰富性和研究结论的可信度,未来的研究可以采用多种研究方法相结合的方式,比如案例研究和行动研究等。

第三,研究层次需要进一步完善。调节焦点的研究大多集中在个体层面。本研究也根据以往研究惯例,从个体层面展开。然而,由于调节焦点在影响组织绩效中的重要作用,未来研究可以从个体、团队和组织等多个层面展开。除了创业者的调节焦点,在组织中还存在员工、高管团队、部门等不同层次的调节焦点。与本研究的层级回归分析不同,跨层次的线性模型分析方法可以将不同层次的变量纳入同一模型进行分析,得到更具启发性的研究结论,完善和丰富现有的理论框架。

参考文献

1. Adizes I. 1988. Corporate lifecycles: How and why corporations grow and die and what to do about it: Ichak Adizes[M]. Prentice Hall.

2. Adler P S, Kwon S-W. 2002. Social capital: Prospects for a new concept[J]. Academy of Mnagement Review, 27(1): 17-40.

3. Aidis R, Estrin S, Mickiewicz T. 2009. Entrepreneurial entry: which institutions matter? http://discovery. ucl. ac. uk/id/eprint/17685

4. Aldrich H E, Fiol C M. 1994. Fools rush in? The institutional context of industry creation[J]. Academy of Management Review, 19(4): 645-670.

5. Aldrich H E, Pfeffer J. 1976. Environments of organizations [J]. Annual Review of Sociology, 2(1): 79-105.

6. Anderson P, Tushman M L. 1990. Technological discontinuities and dominant designs: A cyclical model of technological change[J]. Administrative Science Quarterly, 35(4): 604-633.

7. Arazy O, Gellatly I R. 2012. Corporate wikis: The effects of owners' motivation and behavior on group members' engagement[J]. Journal of Management Information Systems, 29(3): 87-116.

8. Ardichvili A, Cardozo R, Ray S. 2003. A theory of entrepreneurial opportunity identification and development[J]. Journal of Busi-

ness Venturing, 18(1): 105-123.

9. Arregle J L, Batjargal B, Hitt M A, et al. 2015. Family ties in entrepreneurs' social networks and new venture growth[J]. Entrepreneurship Theory and Practice, 39(2): 313-344.

10. Arthurs J D, Busenitz LW. 2006. Dynamic capabilities and venture performance: The effects of venture capitalists[J]. Journal of Business Venturing, 21(2): 195-215.

11. Atuahene-Gima K, Murray J Y. 2007. Exploratory and exploitative learning in new product development: A social capital perspective on new technology ventures in China[J]. Journal of International Marketing, 15(02): 1-29.

12. Auh S, Menguc B. 2005. Balancing exploration and exploitation: The moderating role of competitive intensity[J]. Journal of Business Research, 58(12): 1652-1661.

13. Bagozzi R P, Y i Y. 1988. On the evaluation of structural equation models[J]. Journal of the Academy of Marketing Science, 16(1): 74-94.

14. Bagozzi R P, Y i Y, Phillips LW. 1991. Assessing construct validity in organizational research[J]. Administrative Science Quarterly, 36: 421-458.

15. Baron R A. 2007. Behavioral and cognitive factors in entrepreneurship: Entrepreneurs as the active element in new venture creation [J]. Strategic Entrepreneurship Journal, 1(2): 167-182.

16. Baron R A, Hmieleski KM, Henry RA. 2012. Entrepreneurs' dispositional positive affect: The potential benefits-and potential costs-

of being "up"[J]. Journal of Business Venturing, 27(3): 310-324.

17. Baron R A, Tang J. 2011. The role of entrepreneurs in firm-level innovation: Joint effects of positive affect, creativity, and environmental dynamism[J]. Journal of Business Venturing, 26(1): 49-60.

18. Baron R M, Kenny D A. 1986. The moderator-mediator variable distinction in social psychological research: Conceptual, strategic, and statistical considerations[J]. Journal of Personality and Social Psychology, 51(6): 1173-1182.

19. Barr P S, Stimpert J L, Huff A S. 1992. Cognitive change, strategic action, and organizational renewal[J]. Strategic Management Journal, 13(1): 15-36.

20. Baum J R. Motivation mediators, personal characteristics, and new venture performance[C]//meeting of the Society for Industrial-Organizational Psychologists, San Diego, CA. 2001.

21. Beckman C M. 2006. The influence of founding team company affiliations on firm behavior [J]. Academy of Management Journal, 49(4): 741-758.

22. Benjamin L, Flynn F J. 2006. Leadership style and regulatory mode: Value from fit? [J]. Organizational Behavior and Human Decision Processes, 100(2): 216-230.

23. Bettis R A, Hitt M A. 1995. The new competitive landscape [J]. Strategic Management Journal, 16(S1): 7-19.

24. Beudeker D, Ellemers N, Rink F, et al. 2014. Self-regulation by managers and organizational performance: On the importance of transcending the managerial role at work[J]. Manuscript submitted for

publication,

25. Beudeker D A. 2015. On regulatory focus and performance in organizational environments [M]. Social and Organizational Psychology, Faculty of Social and Behavioural Sciences, Leiden University,

26. Biggadike E R. 1979. Corporate Diversification: Entry [J]. Strategy, and Performance, 1979: 205.

27. Bird B. 1988. Implementing Entrepreneurial Ideas: The Case for Intention[J]. Academy of Management Review, 13(3):442-453.

28. Boal K B, Hooijberg R. 2000. Strategic leadership research: Moving on[J]. Leadership Quarterly, 11(4): 515-549.

29. Boone C, De Brabander B, Hellemans J. 2000. Research note: CEO locus of control and small firm performance [J]. Organization Studies, 21(3): 641-646.

30. Brendl C M, Higgins E T. 1996. Principles of judging valence: What makes events positive or negative? [J]. Advances in Experimental Social Psychology, 28: 95-160.

31. Brislin R W. 1986. Research instruments[J]. Field methods in cross-cultural research: Cross-cultural research and methodology series, 8: 137-164.

32. Brockner J, Higgins E T, Low MB. 2004. Regulatory focus theory and the entrepreneurial process[J]. Journal of Business Venturing, 19(2): 203-220.

33. Brush C G, Vanderwerf P A. 1992. A comparison of methods and sources for obtaining estimates of new venture performance[J]. Journal of Business Venturing, 7(2): 157-170.

34. Burke C S, Stagl K C, Salas E, et al. 2006. Understanding team adaptation: A conceptual analysis and model[J]. Journal of Applied Psychology, 91(6): 1189-1207.

35. Burt R S. 1993. Structural holes: the social structure of competition[M]. Harvard University Press.

36. Busenitz L W, Barney J B. 1994. Biases and heuristics in strategic decision making: differences between entrepreneurs and managers in large organizations[J]. Academy of Management Proceedings, 1(1): 85-89.

37. Cable D M, Parsons C K. 2001. Socialization tactics and person-organization fit[J]. Personnel Psychology, 54(1): 1-23.

38. Cai L, Guo R, Fei Y, et al. 2016. Effectuation, exploratory learning and new venture performance: Evidence from China[J]. Journal of Small Business Management, http://onlinelibrary. wiley. com/doi/10. 1111/jsbm. 12247/full

39. Calabrese T, Baum J A, Silverman B S. 2000. Canadian biotechnology start-ups, 199—1997: the role of incumbents' patents and strategic alliances in controlling competition[J]. Social Science Research, 29(4): 503-534.

40. Cameron K. 1980. Critical questions in assessing organizational effectiveness[J]. Organizational Dynamics, 9(2): 66-80.

41. Cantillon R. 1755. Essai Sur La Nature du Commerce en Général[M]. McMaster University.

42. Cardon M S. 2003. Contingent labor as an enabler of entrepreneurial growth[J]. Human Resource Management, 42(4): 357-373.

43. Cardon M S, Sudek R, Mitteness C. 2009. The impact of perceived entrepreneurial passion on angel investing[J]. Frontiers of Entrepreneurship Research, 29(2): 1-17.

44. Carter D A, Simkins B J, Simpson W G. 2003. Corporate governance, board diversity, and firm value[J]. Financial Review, 38(1): 33-53.

45. Cassar G. 2014. Industry and startup experience on entrepreneur forecast performance in new firms[J]. Journal of Business Venturing, 29(1): 137-151.

46. Chandler G N, Hanks SH. 1994. Market attractiveness, resource-based capabilities, venture strategies, and venture performance [J]. Journal of Business Venturing, 9(4): 331-349.

47. Chandler G N, Jansen E. 1992. The founder's self-assessed competence and venture performance[J]. Journal of Business Venturing, 7(3): 223-236.

48. Chen C J. 2009. Technology commercialization, incubator and venture capital, and new venture performance[J]. Journal of Business Research, 62(1): 93-103.

49. Chen C N, Tzeng L C, Ou W M, et al. 2007. The relationship among social capital, entrepreneurial orientation, organizational resources and entrepreneurial performance for new ventures[J]. Contemporary Management Research, 3(3):213-232.

50. Chen G, Meyerdoyle P, Shi W. 2016. How CEO and CFO Regulatory Focus Interact to Shape the Firm's Corporate Strategy[J]. Social Science Electronic Publishing, https://papers. ssrn. com/sol3/

papers. cfm? abstract_id=2891263

51. Chiaburu D S. 2010. Chief executives' self-regulation and strategic orientation: a theoretical model[J]. European Management Journal, 28(6): 467-478.

52. Cho T S, Hambrick D C. 2006. Attention as the mediator between top management team characteristics and strategic change: The case of airline deregulation[J]. Organization science, 17(4): 453-469.

53. Chrisman J J, Bauerschmidt A, Hofer C W. 1998. The determinants of new venture performance: An extended model[J]. Entrepreneurship Theory and Practice, 23: 5-30.

54. Chrisman J J, Mcmullan E, Hall J. 2005. The influence of guided preparation on the long-term performance of new ventures[J]. Journal of Business Venturing, 20(6): 769-791.

55. Christensen C M, Bower J L. 1996. Customer power, strategic investment, and the failure of leading firms[J]. Strategic Management Journal, 1996: 197-218.

56. Churchill N C, Muzyka D F 1994. Entrepreneurial Management: A converging theory for large and small enterprises [M]. INSEAD.

57. Cohen P R, Johnston M, Mcgee D, et al. QuickSet: multimodal interaction for distributed applications [C]// ACM International Conference on Multimedia '97, Seattle, Wa, Usa, November. DBLP, 1997: 31-40.

58. Cohen W M, Levinthal D A. 1990. Absorptive capacity: A new perspective on learning and innovation[J]. Administrative Science

Quarterly, 1990: 128-152.

59. Colbert A E, Barrick M R, Bradley B H. 2014. Personality and leadership composition in top management teams: Implications for organizational effectiveness [J]. Personnel Psychology, 67 (2): 351-387.

60. Coleman J S. 1988. Social capital in the creation of human capital[J]. American Journal of Sociology, 94: S95-S120.

61. Collinson S. 2000. Knowlege networks for innovation in small Scottish software firms [J]. Entrepreneurship & Regional Development, 12(3): 217-244.

62. Cooper A C, Gimeno-Gascon F J, Woo C Y. 1994. Initial human and financial capital as predictors of new venture performance[J]. Journal of Business Venturing, 9(5): 371-395.

63. Cooper S Y, Park J S. 2008. The impact of incubator' organizations on opportunity recognition and technology innovation in new, entrepreneurial high-technology ventures[J]. International Small Business Journal, 26(1): 27-56.

64. Covin J G, Slevin D P. 1991. A conceptual model of entrepreneurship as firm behavior[J]. Entrepreneurship: Critical perspectives on business and management, 3: 5-28.

65. Crowe E, Higgins E T. 1997. Regulatory focus and strategic inclinations: Promotion and prevention in decision-making[J]. Organizational Behavior and Human Decision Processes, 69(2): 117-132.

66. Daft R L, Weick K E. 1984. Toward a model of organizations as interpretation systems[J]. Academy of Management Review, 9(2):

284-295.

67. De Carolis D M, Saparito P. 2006. Social capital, cognition, and entrepreneurial opportunities: A theoretical framework[J]. Entrepreneurship Theory and Practice, 30(1): 41-56.

68. De Cremer D, Mayer D M, Van Dijke M, et al. 2009. When does self-sacrificial leadership motivate prosocial behavior? It depends on followers' prevention focus[J]. Journal of Applied Psychology, 94(4): 887-899.

69. Dess G G, Beard D W. 1984. Dimensions of organizational task environments[J]. Administrative Science Quarterly, 1984: 52-73.

70. Duncan R B. 1972. Characteristics of organizational environments and perceived environmental uncertainty[J]. Administrative Science Quarterly, 1972: 313-327.

71. Dunn S C, Seaker R F, Waller M A. 1994. Latent variables in business logistics research: scale development and validation[J]. Journal of Business Logistics, 15(2): 145-172.

72. Edwards J R, Lambert L S. 2007. Methods for integrating moderation and mediation: a general analytical framework using moderated path analysis[J]. Psychological Methods, 12(1): 1-22.

73. Eisenhardt K M. 1989. Agency theory: An assessment and review[J]. Academy of Management Review, 14(1): 57-74.

74. Ensley M D, Pearce C L, Hmieleski K M. 2006. The moderating effect of environmental dynamism on the relationship between entrepreneur leadership behavior and new venture performance[J]. Journal of Business Venturing, 21(2): 243-263.

75. Ensley M D, Pearson A W, Amason A C. 2002. Understanding the dynamics of new venture top management teams: cohesion, conflict, and new venture performance[J]. Journal of Business Venturing, 17(4): 365-386.

76. Erhardt N L, Werbel J D, Shrader C B. 2003. Board of director diversity and firm financial performance[J]. Corporate governance: An international review, 11(2): 102-111.

77. Förster J, Higgins E T, Bianco A T. 2003. Speed/accuracy decisions in task performance: Built-in trade-off or separate strategic concerns? [J]. Organizational Behavior and Human Decision Processes, 90(1): 148-164.

78. Finkelstein S, Hambrick D C 1996. Strategic leadership: Top executives and their effects on organizations [M]. South-Western Pub.

79. Fitzsimmons J R, Douglas E J. 2011. Interaction between feasibility and desirability in the formation of entrepreneurial intentions [J]. Journal of Business Venturing, 26(4): 431-440.

80. Fornell C, Larcker D F. 1981. Structural equation models with unobservable variables and measurement error: Algebra and statistics [J]. Journal of Marketing Research, 1981: 382-388.

81. Friedman R S, Förster J. 2001. The effects of promotion and prevention cues on creativity[J]. Journal of Personality and Social Psychology, 81(6): 1001-1013.

82. Gamache D L, Mcnamara G, Mannor M J, et al. 2015. Motivated to acquire? The impact of CEO regulatory focus on firm acquisitions[J]. Academy of Management Journal, 58(4): 1261-1282.

83. Gartner W B. 1985. A conceptual framework for describing the phenomenon of new venture creation[J]. Academy of Management Review, 10(4): 696-706.

84. Gartner W B. 1989. Who Is an Entrepreneur? Is the Wrong Question[J]. Entrepreneurship Theory & Practice, 13(4):47-68.

85. Gedajlovic E, Cao Q, Zhang H. 2012. Corporate shareholdings and organizational ambidexterity in high-tech SMEs: Evidence from a transitional economy [J]. Journal of Business Venturing, 27 (6): 652-665.

86. Giberson T R, Resick C J, Dickson M W. 2005. Embedding leader characteristics: an examination of homogeneity of personality and values in organizations[J]. Journal of Applied Psychology, 90 (5): 1002-1010.

87. Gibson C B, Birkinshaw J. 2004. The antecedents, consequences, and mediating role of organizational ambidexterity [J]. Academy of Management Journal, 47(2): 209-226.

88. Gielnik M M, Frese M, Graf J M, et al. 2012. Creativity in the opportunity identification process and the moderating effect of diversity of information[J]. Journal of Business Venturing, 27(5): 559-576.

89. Gilbert B A, Mcdougall P P, Audretsch D B. 2006. New venture growth: A review and extension[J]. Journal of Management, 32(6): 926-950.

90. Gimeno J, Folta T B, Cooper A C, et al. 1997. Survival of the Fittest? Entrepreneurial Human Capital and the Persistence of Underperforming Firms [J]. Administrative Science Quarterly, 42 (4):

750-783.

91. Granovetter M 1974. Granovetter replies to Gans [M]. University of Chicago Press.

92. Greiner L E, Bhambri A, Cummings T G. 2003. Searching for a strategy to teach strategy[J]. Academy of Management Learning & Education, 2(4): 402-420.

93. Grimpe C, Sofka W. 2009. Search patterns and absorptive capacity: Low-and high-technology sectors in European countries[J]. Research Policy, 38(3): 495-506.

94. Gruber M, Macmillan I C, Thompson J D. 2008. Look before you leap: Market opportunity identification in emerging technology firms[J]. Management Science, 54(9): 1652-1665.

95. Gulati R, Lawrence P R, Puranam P. 2005. Adaptation in vertical relationships: Beyond incentive conflict[J]. Strategic Management Journal, 26(5): 415-440.

96. Hambrick D C. 2007. Upper echelons theory: An update[J]. Academy of Management Review, 32(2): 334-343.

97. Hambrick D C, Finkelstein S. 1987. Managerial discretion: A bridge between polar views of organizational outcomes[J]. Research in Organizational Behavior, 9(4):369-406.

98. Hambrick D C, Mason P A. 1984. Upper echelons: The organization as a reflection of its top managers[J]. Academy of Management Review, 9(2): 193-206.

99. Hamstra M R, Sassenberg K, Van Yperen N W, et al. 2014. Followers feel valued—When leaders' regulatory focus makes leaders

exhibit behavior that fits followers' regulatory focus[J]. Journal of Experimental Social Psychology, 51: 34-40.

100. Hamstra M R, Van Yperen N W, Wisse B, et al. 2011. Transformational-transactional leadership styles and followers' regulatory focus[J]. Journal of Personnel Psychology, 10(4):182-186.

101. Hargadon A B. 2002. Brokering knowledge: Linking learning and innovation[J]. Research in Organizational Behavior, 24: 41-85.

102. Heidenreich M. 2009. Innovation patterns and location of European low-and medium-technology industries[J]. Research Policy, 38(3): 483-494.

103. Henderson A D, Miller D, Hambrick D C. 2006. How quickly do CEOs become obsolete? Industry dynamism, CEO tenure, and company performance[J]. Strategic Management Journal, 27 (5): 447-460.

104. Herman A, Reiter-Palmon R. 2011. The effect of regulatory focus on idea generation and idea evaluation[J]. Psychology of Aesthetics, Creativity, and the Arts, 5(1): 13-20.

105. Herron L, Robinson R B. 1993. A structural model of the effects of entrepreneurial characteristics on venture performance[J]. Journal of Business Venturing, 8(3): 281-294.

106. Higgins E T. 1997. Beyond pleasure and pain[J]. American Psychologist, 52(12): 1280-1300.

107. Higgins E T. 1998. Promotion and prevention: Regulatory focus as a motivational principle[J]. Advances in Experimental Social Psychology, 30: 1-46.

108. Higgins E T. 2000. Making a good decision: value from fit [J]. American Psychologist, 55(11): 1217-1230.

109. Higgins E T, Friedman R S, Harlow R E, et al. 2001. Achievement orientations from subjective histories of success: Promotion pride versus prevention pride[J]. European Journal of Social Psychology, 31(1): 3-23.

110. Hirst G, Van Knippenberg D, Zhou J. 2009. A cross-level perspective on employee creativity: Goal orientation, team learning behavior, and individual creativity[J]. Academy of Management Journal, 52(2): 280-293.

111. Hmieleski K M, Baron R A. 2009. Entrepreneurs' optimism and new venture performance: A social cognitive perspective[J]. Academy of Management Journal, 52(3): 473-488.

112. Hmieleski K M, Ensley M D. 2007. A contextual examination of new venture performance: entrepreneur leadership behavior, top management team heterogeneity, and environmental dynamism [J]. Journal of Organizational Behavior, 28(7): 865-889.

113. Hoang H, Rothaermel F T. 2010. Leveraging internal and external experience: exploration, exploitation, and R&D project performance[J]. Strategic Management Journal, 31(7): 734-758.

114. Hofer C W, Sandberg W R. 1987. Improving new venture performance: Some guidelines for success [J]. American Journal of Small Business, 12(1): 11-25.

115. Homburg C, Fürst A. 2005. How organizational complaint handling drives customer loyalty: an analysis of the mechanistic and the

organic approach[J]. Journal of Marketing, 69(3): 95-114.

116. House R J, Aditya R N. 1997. The social scientific study of leadership: Quo vadis? [J]. Journal of Management, 23(3): 409-473.

117. Huffman R C, Hegarty W H. 1993. Top management influence on innovations: Effects of executive characteristics and social culture[J]. Journal of Management, 19(3): 549-574.

118. Idson L C, Liberman N, Higgins ET. 2000. Distinguishing gains from nonlosses and losses from nongains: A regulatory focus perspective on hedonic intensity[J]. Journal of Experimental Social Psychology, 36(3): 252-274.

119. Ireland R D, Covin J G, Kuratko D F. 2009. Conceptualizing corporate entrepreneurship strategy[J]. Entrepreneurship Theory and Practice, 33(1): 19-46.

120. Jansen J P. 2005. Ambidextrous organizations: a multiple-level study of absorptive capacity, exploratory and exploitative innovation, and performance[D]. Ph. D. dissertation. Erasmus University Rotterdam.

121. Jansen J J, Vera D, Crossan M. 2009. Strategic leadership for exploration and exploitation: The moderating role of environmental dynamism[J]. The Leadership Quarterly, 20(1): 5-18.

122. Jaskiewicz P, Luchak A A. 2013. Explaining performance differences between family firms with family and nonfamily CEOs: it's the nature of the tie to the family that counts! [J]. Entrepreneurship Theory and Practice, 37(6): 1361-1367.

123. Jaworski B J, Kohli A K. 1993. Market orientation: anteced-

ents and consequences[J]. The Journal of Marketing, 1993:53-70.

124. Say J B. 1817. A Treatise on Political Economy[M]. Wells and Lilly.

125. Jiao H, Alon I, Koo C K, et al. 2013. When should organizational change be implemented? The moderating effect of environmental dynamism between dynamic capabilities and new venture performance [J]. Journal of Engineering and Technology Management, 30(2): 188-205.

126. Johnson P D, Smith M B, Wallace J C, et al. 2015. A review of multilevel regulatory focus in organizations[J]. Journal of Management, 41(5): 1501-1529.

127. Johnson R E, Yang L-Q. 2010. Commitment and motivation at work: The relevance of employee identity and regulatory focus[J]. Academy of Management Review, 35(2): 226-245.

128. Judge T A, Piccolo R F, Ilies R 2004. The forgotten ones? The validity of consideration and initiating structure in leadership research [M]. American Psychological Association.

129. Kammerlander N, Burger D, Fust A, et al. 2015. Exploration and exploitation in established small and medium-sized enterprises: The effect of CEOs' regulatory focus[J]. Journal of Business Venturing, 30(4): 582-602.

130. Kark R, Van Dijk D. 2007. Motivation to lead, motivation to follow: The role of the self-regulatory focus in leadership processes[J]. Academy of Management Review, 32(2): 500-528.

131. Kazanjian R K. 1988. Relation of dominant problems to stages

of growth in technology-based new ventures[J]. Academy of Management Journal, 31(2): 257-279.

132. Kazanjian R K, Drazin R. 1990. A stage-contingent model of design and growth for technology based new ventures[J]. Journal of Business Venturing, 5(3): 137-150.

133. Kim P H, Aldrich H E. 2005. Social capital and entrepreneurship[J]. Foundations and Trends in Entrepreneurship, 1(2): 55-104.

134. Kline S J, Rosenberg N. 1986. An overview of innovation[J]. The positive sum strategy: Harnessing technology for economic growth, 14: 173-203.

135. Kollmann T, Stockmann C. 2010. Antecedents of strategic ambidexterity: effects of entrepreneurial orientation on exploratory and exploitative innovations in adolescent organisations[J]. International Journal of Technology Management, 52(1-2): 153-174.

136. Lanaj K, Chang C H, Johnson R E 2012a. Regulatory focus and work-related outcomes: a review and meta-analysis [M]. American Psychological Association.

137. Lanaj K, Chang C H, Johnson R E. 2012b. Regulatory focus and work-related outcomes: a review and meta-analysis[J]. Psychological Bulletin, 138(5): 998-1034.

138. Lee C, Lee K, Pennings J M. 2001. Internal capabilities, external networks, and performance: a study on technology-based ventures[J]. Strategic Management Journal, 22(6-7): 615-640.

139. Levinthal D A, March J G. 1993. The myopia of learning[J].

Strategic Management Journal, 14(S2): 95-112.

140. Levitt B, March J G. 1988. Organizational learning[J]. Annual Review of Sociology, 14(1): 319-338.

141. Li H. 2001. How does new venture strategy matter in the environment-performance relationship? [J]. The Journal of High Technology Management Research, 12(2): 183-204.

142. Li H, Atuahene-Gima K. 2001. The impact of interaction between R&D and marketing on new product performance: an empirical analysis of Chinese high technology firms[J]. International Journal of Technology Management, 21(3): 216-222.

143. Li H, Zhang Y. 2007. The role of managers' political networking and functional experience in new venture performance: Evidence from China's transition economy[J]. Strategic Management Journal, 28(8): 791-804.

144. Li Y, Chen H, Liu Y, et al. 2014. Managerial ties, organizational learning, and opportunity capture: A social capital perspective [J]. Asia Pacific Journal of Management, 31(1): 271-291.

145. Li Y, Zhao Y, Tan J, et al. 2008. Moderating effects of entrepreneurial orientation on market orientation-performance linkage: Evidence from Chinese small firms[J]. Journal of Small Business Management, 46(1): 113-133.

146. Liberman N, Idson L C, Camacho C J, et al. 1999. Promotion and prevention choices between stability and change[J]. Journal of Personality and Social Psychology, 77(6): 1135-1145.

147. Lieberson S, O'connor J F. 1972. Leadership and organiza-

tional performance: A study of large corporations[J]. American Sociological Review, 1972: 117-130.

148. Lin N. 1999. Building a network theory of social capital[J]. Connections, 22(1): 28-51.

149. Lockwood P, Jordan C H, Kunda Z. 2002. Motivation by positive or negative role models: regulatory focus determines who will best inspire us[J]. Journal of Personality and Social Psychology, 83(4): 854.

150. Low M B, Abrahamson E. 1997. Movements, bandwagons, and clones: Industry evolution and the entrepreneurial process[J]. Journal of Business Venturing, 12(6): 435-457.

151. Lubatkin M H, Simsek Z, Ling Y, et al. 2006. Ambidexterity and performance in small-to medium-sized firms: The pivotal role of top management team behavioral integration[J]. Journal of Management, 32(5): 646-672.

152. Lumpkin G T, Dess G G. 2001. Linking two dimensions of entrepreneurial orientation to firm performance: The moderating role of environment and industry life cycle[J]. Journal of Business Venturing, 16(5): 429-451.

153. Lumpkin G T, Lichtenstein B B. 2005. The role of organizational learning in the opportunity-recognition process[J]. Entrepreneurship Theory and Practice, 29(4): 451-472.

154. Malmendier U, Tate G. 2008. Who makes acquisitions? CEO overconfidence and the market's reaction[J]. Journal of Financial Economics, 89(1): 20-43.

155. March J G. 1991. Exploration and exploitation in organizational learning[J]. Organization Science, 2(1): 71-87.

156. Markman G D, Baron R A. 2003. Person-entrepreneurship fit: why some people are more successful as entrepreneurs than others [J]. Human Resource Management Review, 13(2): 281-301.

157. Mcmullen J S, Shepherd D A. 2002. Regulatory focus and entrepreneurial intention: Action bias in the recognition and evaluation of opportunities [J]. Frontiers of Entrepreneurship Research, 2002: 61-72.

158. Miller D. 1983. The correlates of entrepreneurship in three types of firms[J]. Management Science, 29(7): 770-791.

159. Miller D, Dröge C. 1986. Psychological and traditional determinants of structure [J]. Administrative Science Quarterly, 1986: 539-560.

160. Miller T, Del Carmen Triana M. 2009. Demographic diversity in the boardroom: Mediators of the board diversity-firm performance relationship[J]. Journal of Management Studies, 46(5): 755-786.

161. Mitchell R K, Busenitz L W, Bird B, et al. 2007. The Central Question in Entrepreneurial Cognition Research [J]. Entrepreneurship Theory & Practice, 31(1):1-27.

162. Mitchell J R, Mitchell R K, Randolph-Seng B 2014. Handbook of entrepreneurial cognition[M]. Edward Elgar Publishing.

163. Nahapiet J, Ghoshal S. 1998. Social capital, intellectual capital, and the organizational advantage[J]. Academy of Management Review, 23(2): 242-266.

164. Park J S. 2005. Opportunity recognition and product innovation in entrepreneurial hi-tech start-ups: a new perspective and supporting case study[J]. Technovation, 25(7): 739-752.

165. Peng M W, Luo Y. 2000. Managerial ties and firm performance in a transition economy: The nature of a micro-macro link[J]. Academy of Management Journal, 43(3): 486-501.

166. Pennington G L, Roese N J. 2003. Regulatory focus and temporal distance[J]. Journal of Experimental Social Psychology, 39(6): 563-576.

167. Podolny J M. 2001. Networks as the Pipes and Prisms of the Market 1[J]. American Journal of Sociology, 107(1): 33-60.

168. Podsakoff P M, Organ D W. 1986. Self-reports in organizational research: Problems and prospects[J]. Journal of Management, 12(4): 531-544.

169. Powell W W, Koput K W, Smith-Doerr L. 1996. Interorganizational collaboration and the locus of innovation: Networks of learning in biotechnology[J]. Administrative Science Quarterly, 1996: 116-145.

170. Prashantham S, Dhanaraj C. 2010. The dynamic influence of social capital on the international growth of new ventures[J]. Journal of Management Studies, 47(6): 967-994.

171. Preacher K J, Hayes A F. 2008. Assessing mediation in communication research[J]. The Sage sourcebook of advanced data analysis methods for communication research, 2008: 13-54.

172. Puranam P, Vanneste B 2016. Corporate Strategy: Tools for Analysis and Decision-making [M]. Cambridge University Press.

173. Raisch S, Birkinshaw J. 2008. Organizational ambidexterity: Antecedents, outcomes, and moderators[J]. Journal of Management, 34(3): 375-409.

174. Raisch S, Birkinshaw J, Probst G, et al. 2009. Organizational ambidexterity: Balancing exploitation and exploration for sustained performance[J]. Organization Science, 20(4): 685-695.

175. Roese N. 1999. Counterfactual thinking and decision making [J]. Psychonomic Bulletin & Review, 6(4): 570-578.

176. Rothaermel F T, Deeds D L. 2004. Exploration and exploitation alliances in biotechnology: A system of new product development [J]. Strategic Management Journal, 25(3): 201-221.

177. Roundy P T, Roundy P T, Dai Y, et al. 2016. Motivated to change? TMT regulatory focus and strategic change[J]. Management Research Review, 39(7): 803-829.

178. Samuelsson M 2004. Creating new ventures A longitudinal investigation of the nascent venturing process [M]. Internationella Handelshögskolan.

179. Sandberg W R, Hofer C W. 1987. Improving new venture performance: The role of strategy, industry structure, and the entrepreneur[J]. Journal of Business Venturing, 2(1): 5-28.

180. Sapienza H J, Grimm C M. 1997. Founder characteristics, start-up process, and strategy/structure variables as predictors of shortline railroad performance[J]. Entrepreneurship: Theory and Practice, 22(1): 5-25.

181. Schaffer B S, Riordan C M. 2003. A review of cross-cultural

methodologies for organizational research: A best-practices approach [J]. Organizational Research Methods, 6(2): 169-215.

182. Schneider B. 1987. The people make the place[J]. Personnel Psychology, 40(3): 437-453.

183. Schumpeter J A. 1942. Capitalism, Socialism, and Democracy [J]. American Economic Review, 3(4): 594-602.

184. Shane S, Venkataraman S. 2000. The promise of entrepreneurship as a field of research[J]. Academy of Management Review, 25(1): 217-226.

185. Sheng S, Zhou K Z, Li J J. 2011. The Effects of Business and Political Ties on Firm Performance: Evidence from China[J]. Journal of Marketing, 75(1): 1-15.

186. Shin Y, Kim M S, Choi J N, et al. 2014. Does Leader-Follower Regulatory Fit Matter? The Role of Regulatory Fit in Followers' Organizational Citizenship Behavior [J]. Journal of Management, 43(4): 1211-1233.

187. Siegel D S, Renko M. 2012. The role of market and technological knowledge in recognizing entrepreneurial opportunities [J]. Management Decision, 50(5): 797-816.

188. Siegel R, Siegel E, Macmillan IC. 1993. Characteristics distinguishing high-growth ventures[J]. Journal of Business Venturing, 8(2): 169-180.

189. Simon M, Houghton S M. 2003. The relationship between overconfidence and the introduction of risky products: Evidence from a field study[J]. Academy of Management Journal, 46(2): 139-149.

190. Simsek Z, Heavey C, Veiga JJF. 2010. The impact of CEO core self-evaluation on the firm's entrepreneurial orientation[J]. Strategic Management Journal, 31(1): 110-119.

191. Stam W, Elfring T. 2008a. Entrepreneurial Orientation and New Venture Performance: The Moderating Role of Intra- and Extraindustry Social Capital[J]. Academy of Management Journal, 51(1): 97-111.

192. Stam W, Elfring T. 2008b. Entrepreneurial orientation and new venture performance: The moderating role of intra-and extraindustry social capital[J]. Academy of Management Journal, 51(1): 97-111.

193. Starr J A, Macmillan I C. 1990. Resource cooptation via social contracting: Resource acquisition strategies for new ventures[J]. Strategic Management Journal, 1990: 79-92.

194. Stuart T E, Hoang H, Hybels RC. 1999. Interorganizational endorsements and the performance of entrepreneurial ventures[J]. Administrative Science Quarterly, 44(2): 315-349.

195. Su Z, Xie E, Wang D. 2015. Entrepreneurial orientation, managerial networking, and new venture performance in China[J]. Journal of Small Business Management, 53(1): 228-248.

196. Teece D J. 1986. Transactions cost economics and the multinational enterprise An Assessment[J]. Journal of Economic Behavior & Organization, 7(1): 21-45.

197. Thornhill S. 2006. Knowledge, innovation and firm performance in high-and low-technology regimes[J]. Journal of Business Venturing, 21(5): 687-703.

198. Timmons J A. 1999. New venture creation [M]. Irwin McGraw-Hill.

199. Tippins M J, Sohi RS. 2003. IT competency and firm performance: is organizational learning a missing link? [J]. Strategic Management Journal, 24(8): 745-761.

200. Tominc P, Rebernik M. 2007. Growth aspirations and cultural support for entrepreneurship: A comparison of post-socialist countries[J]. Small Business Economics, 28(2): 239-255.

201. Townsend D M, Busenitz L W, Arthurs JD. 2010. To start or not to start: Outcome and ability expectations in the decision to start a new venture[J]. Journal of Business Venturing, 25(2): 192-202.

202. Tsai W. 2001. Knowledge transfer in intraorganizational networks: Effects of network position and absorptive capacity on business unit innovation and performance[J]. Academy of Management Journal, 44(5): 996-1004.

203. Tuggle C S, Schnatterly K, Johnson RA. 2010. Attention patterns in the boardroom: How board composition and processes affect discussion of entrepreneurial issues[J]. Academy of Management Journal, 53(3): 550-571.

204. Tumasjan A, Braun R. 2012. In the eye of the beholder: How regulatory focus and self-efficacy interact in influencing opportunity recognition[J]. Journal of Business Venturing, 27(6): 622-636.

205. Van Dierendonck D, Stam D, Boersma P, et al. 2014. Same difference? Exploring the differential mechanisms linking servant leadership and transformational leadership to follower outcomes[J]. The

Leadership Quarterly, 25(3): 544-562.

206. Venkataraman S. 1997. The distinctive domain of entrepreneurship research[J]. Advances in entrepreneurship, firm emergence and growth, 3(1): 119-138.

207. Waldman D A, Ramirez G G, House RJ, et al. 2001. Does leadership matter? CEO leadership attributes and profitability under conditions of perceived environmental uncertainty[J]. Academy of Management Journal, 44(1): 134-143.

208. Wall T D, Michie J, Patterson M, et al. 2004. On the validity of subjective measures of company performance[J]. Personnel Psychology, 57(1): 95-118.

209. Wallace J C, Johnson P D, Frazier M L. 2009. An examination of the factorial, construct, and predictive validity and utility of the regulatory focus at work scale[J]. Journal of Organizational Behavior, 30(6): 805-831.

210. Wallace J C, Little L M, Hill A D, et al. 2010. CEO regulatory foci, environmental dynamism, and small firm performance[J]. Journal of Small Business Management, 48(4): 580-604.

211. Walter S G, Heinrichs S. 2015. Who becomes an entrepreneur? A 30-years-review of individual-level research[J]. Journal of Small Business and Enterprise Development, 22(2): 225-248.

212. Weiss L A. 1981. Start-up businesses: A comparison of performances[J]. Sloan Management Review, 23(1): 37-53.

213. Welford R, Gouldson A 1993. Environmental management & business strategy [M]. Pitman Publishing Limited.

214. Wiklund J, Shepherd D. 2005. Entrepreneurial orientation and small business performance: a configurational approach[J]. Journal of Business Venturing, 20(1): 71-91.

215. Wowak A J, Hambrick D C. 2010. A model of person-pay interaction: how executives vary in their responses to compensation arrangements[J]. Strategic Management Journal, 31(8): 803-821.

216. Yalcinkaya G, Calantone R J, Griffith DA. 2007. An examination of exploration and exploitation capabilities: Implications for product innovation and market performance[J]. Journal of International Marketing, 15(4): 63-93.

217. Zahra S A, Bogner W C. 2000. Technology strategy and software new ventures' performance: Exploring the moderating effect of the competitive environment[J]. Journal of Business Venturing, 15(2): 135-173.

218. Zahra S A, George G. 2002. Absorptive capacity: A review, reconceptualization, and extension[J]. Academy of Management Review, 27(2): 185-203.

219. Zahra S A, Ireland R D, Hitt M A. 2000. International expansion by new venture firms: International diversity, mode of market entry, technological learning, and performance[J]. Academy of Management Journal, 43(5): 925-950.

220. Zahra S A, Korri J S, Yu J. 2005. Cognition and international entrepreneurship: implications for research on international opportunity recognition and exploitation[J]. International Business Review, 14(2): 129-146.

221. Zahra S A, Nielsen A P, Bogner W C. 1999. Corporate entrepreneurship, knowledge, and competence development[J]. Entrepreneurship: Theory and Practice, 23(3): 169-169.

222. Zhao H, Seibert S E, Lumpkin G T. 2010. The relationship of personality to entrepreneurial intentions and performance: A meta-analytic review[J]. Journal of Management, 36(2): 381-404.

223. Zhou K Z, Wu F. 2010. Technological capability, strategic flexibility, and product innovation[J]. Strategic Management Journal, 31(5): 547-561.

224. 陈浩义,葛宝山. 2008. 基于创业者资源禀赋的新创企业战略选择研究[J]. 改革与战略,24(3):27-30.

225. 陈俊滢. 2015. 商业模式设计与新创企业绩效的关系研究:环境友善性和吸收能力的调节作用[D]. 浙江大学.

226. 蒋琬. 2015. 辱虐管理、团队辱虐氛围对员工及团队工作有效性的多层次影响模型研究[D]. 上海交通大学.

227. 焦豪. 2010. 企业动态能力绩效机制及其多层次影响要素的实证研究[D]. 复旦大学.

228. 卢山,徐二明. 2006. 转型期企业创业的一个综合研究模型[J]. 福建论坛(人文社会科学版),(3):18-21.

229. 王秋阳. 2006. 绩效与绩效管理[J]. 江苏经贸职业技术学院学报,(1):32-33.

230. 张君立,蔡莉,朱秀梅. 2008. 社会网络、资源获取与新创企业绩效关系研究[J]. 工业技术经济,27(5):87-90.

231. 张峥. 2011. 中国东北地区创业环境、公司创业导向与创业绩效关系研究[D]. 吉林大学.

232.周建,李小青.2013.董事会认知异质性对企业创新战略影响的实证研究[J].管理科学,25(6)：1-12.

233.周建,任尚华,金媛媛.2012.董事会资本对企业 R&D 支出的影响研究——基于中国沪深两市高科技上市公司的经验证据[J].研究与发展管理,24(1)：67-77.